股海怒潮

終結本益比的神話王國

費　朵◎著

本書抽絲剝繭揭開股票市場真實價值與投資人的迷思。

　　在歷經過股票市場裡追高殺低、血脈僨張的追逐後，跳脫出戰場，用冷靜的理性思維，了解自己到底在做什麼，是什麼力量讓人如此激情地參與演出！

美國國際集團

南山人壽保險股份有限公司協理

康明訓

本書提供一個值得投資人閱讀了解的另類思考方向。

本益比，這個在股市全民運動下人人熟悉的名詞、習慣的股價評價工具，它的權威是該受到挑戰了！

友邦投顧分析師

蔡淵輝

序

一、寫作的驅動力

- 使用本益比公式的投資人眾多，真正了解意義的卻微乎其微。

- 越來越多的投資人追求理性投資，期望了解股市理論卻因無財務背景而不得其門而入者眾。

- 坊間教科書對本益比的解說僅有公式介紹，簡單卻不得全貌，無財務背景的人，即使是理工科的博碩士，依然似懂非懂。

- 教科書及相關財經書籍，以學術理論的方式論著，難以理解，不受青睞。

- 股市相關學術理論是所有學術理論中最平民化的，人性原始追求投機致富的本性，促使相關理論之研究與學習得到最多群眾的熱烈參與討論。

- 潛在的需求（了解真相）廣大，坊間尚無可以滿足此需求的著作。

會提筆寫這本書，是因為在券商及創投的多年工作經驗，

讓我對本益比這樣的評價工具有很深層的領悟，當我越來越學會駕馭它的急速變化時，在與同事及朋友的對談中，我發現，原來大家都知道這個公式，可是運用方式卻很奇怪，就像是在作數學習題一樣的制式的把它套乘上每股獲利（EPS），以為計算得到的股價就應該會來到，無怪乎股票市場上大部分的人都會賠錢。

　　基於自己財務專業的背景及敏銳的觀察與領悟力，我看到了財務背景的人很難看得到股市真實面，我覺得自己有義務將我看到的真相讓大家知道。

二、書籍的內容

- ・本益比為引發世界性股災的罪魁禍首。
- ・被廣大投資人普遍接受採用的背景因素。
- ・實為錯誤的評價工具，所以使用的人嚴重虧損。
- ・被強力推銷、接受，引發世紀末股市大災難──群眾、分析師、主力與大股東之心理因素探討。
- ・揭發隱藏在本益比包裝背後可怕的真相。
- ・實為賭場適用之投機公式被誤用為投資市場之投資公式。
- ・是股市泡沫漲勢推波助瀾的工具。
- ・對人心的腐化催眠，上演世紀末人類股市瘋狂追逐戰。
- ・合理的評價公式加減法的提出與推廣。

‧預防股災觀念的建立。

三、書籍寫作方向

‧以學術觀點、關心社會立場爲出發點。

‧針對股市二八定律中佔大部分的輸家弱勢團體進行保護
　教育。

‧對於本益比引發泡沫危機，對經濟及個人財富造成的傷
　害提出嚴正警告。

‧希望藉由本書來教育投資人本益比的眞相。

‧滿足理性投資人潛意識追求理解眞理的慾望。

‧以簡單白話卻又深入理論的方式來表達，摒除學術性論
　文艱澀枯燥的特性。

‧以詼諧諷刺的筆調，冷眼旁觀這場二十世紀人類爲競逐
　財富所上演的瘋狂鬧劇。

‧以能滿足最大化的群眾（市場）理解與興趣爲目的。

‧以激發思考，引發爭議辯論的方式吸引注意力。

‧鼓勵群眾參與、關心、思考與辯論攸關民生的經濟理論
　議題爲宗旨。

四、書籍的特性

‧從未被觸發的眞理邏輯。

- 具打破傳統迷思的新觀念。
- 具有引發爭議的先天特性。
- 股市學術理論擁有最大信仰研究族群，深及基層群眾。
- 適度行銷具引發熱烈激辯的潛力。
- 本益比為世界性股市共通評價工具。
- 學術新觀念、引發話題無國界。
- 簡單深入寫作原則，觸及最廣大群眾信仰。

五、書籍的訴求

- 向傳統經濟、財經學家的權威挑戰。
- 打破過去由上而下的知識傳送管道。
  *正確的評價工具失誤率應該控制在20％以下。
  *他們所教育傳送的評價公式失誤率高達80％，為什麼
  要使用？
- 革命性的新理論，由下而上尋求解釋、驗證與正名。
  *本人非經濟學家，讀者也不是。
  *對我們的失敗與疑問，提出合理的質疑，尋求解答。
- 此議題攸關民眾生計、財產安全，應該受到嚴正關切。

六、我的立場

- 本人非經濟學者，著書的目的在提出合理的懷疑，藉由

群眾力量提出質疑，並對信奉使用傳統理論的經濟學者、財經官員及分析師權威挑戰，是非由其論斷，逼迫提出合理解釋，激發激辯過程來達到理論革命的目的。

· 值此股市暴跌低迷之際，股民怨氣有待發洩，應該將悲憤化為力量，進行有建設性的理論探討與激辯，而不是怨天尤人，等待下一次股災再來襲，而無力抵抗。

· 經濟議題攸關生存，泡沫蔓延之際，舊經濟理論現正面臨嚴苛挑戰，拋出話題，激發對未來經濟理論的思考、關心與討論。期待未來的股市健全發展，不再有泡沫波及經濟的慘狀。

費　采

目　錄

序　i

前　言　1

第一章　評論本益比　7

　　一、本益比被廣泛使用　9

　　二、正確使用本益比方式被隱瞞　9

　　三、老鼠會的本質，原始股東受惠　10

　　四、錯誤的股價評價工具，泡沫化的元兇　11

第二章　何謂本益比？　13

　　一、代表的意義　15

　　二、如何應用？　17

第三章　本益比被隱藏的真相　21

　　一、假設前提每年獲利穩定一致不改變　23

　　二、付出成本無法取回被教科書略過　23

　　三、本益比30，其回收遠低於定存利率，且本金不確定回
　　　　收　24

第四章　實例演算，驗證本益比的合理性　27

一、股價權益　30

二、溢價權益　30

三、溢價／淨值比　31

四、溢價回收年限24.41年　31

五、34.9％資產報酬率vs.3.6％個人年投資資本回收率
　　32

六、一流的公司vs.不入流的價格　33

七、年投資資本回收率vs.年投資資本報酬率　33

八、溢價回收時間過長，風險加大　34

九、27.27的本益比是27.27年成本回收年限　35

第五章　本益比槓桿特性加速股價暴漲暴跌　37

一、分析師在推薦股票及預測股價時的計算方式　39

二、實例推算　40

三、力捷——典型本益比槓桿讓散戶在股市失利的例子
　　41

四、本益比法假設每年獲利相同與事實相違背　44

五、加減法vs.本益比法　47

六、文明演進讓我們喪失了基本的推算能力　51

第六章　本益比槓桿下的不合理獲利　53

一、營運利得vs.資本利得　55

二、公眾認同的公式，其實一點都不合理　59

三、資本利得是不合理獲利模式——潛藏危機　60

四、建立預防股災的觀念　61

第七章　高本益比蘊涵的陷阱　63

一、經營團隊的價值應該受到質疑　65

二、高獲利時的高本益比理論正是引誘散戶套牢的元兇　66

三、買在泡沫頂端，難以超生　69

四、數據證實低價超值潛力股才是NO.1的獲利模式　73

五、不合理暴利，扭曲社會價值觀　74

第八章　投資公式vs.投機公式　77

一、投資市場vs.投機市場（賭場）　79

二、本益比是投機公式　81

三、採用投資公式進行股票投資　82

四、配發股票股利的情況下，可採用加計複利的計算方式　85

第九章　證券市場漲跌幕後的黑手　89

一、股票為何會上漲？　91

二、散戶心態　92

三、股價的自然特性　93

四、主力大股東聯手，運用群眾心理操縱股價　96

五、利多出盡的實例　97

六、何謂「左手拿聖經，右手拿寶劍」？ 101

七、你應該要知道自己為什麼會這麼背 105

八、技術分析是群眾心理的反應 106

九、主力的操作手法 107

十、主力對衍生性金融商品的運用 111

十一、軋空的力道，讓主力有恃無恐 112

十二、衍生性金融商品對金融市場具穩定作用 114

十三、過去主力vs.現今主力 119

十四、現今主力心態是股市暴跌的元兇 120

第十章　證券市場不敗的贏家 123

一、無效率市場vs.效率市場 125

二、什麼人是第一個知道消息的人？ 126

三、本益比運用，順勢助長大股東操縱股價獲利 127

四、證券市場最大的贏家——原始股東特有的權利 128

第十一章　本益比的危機已來到 131

一、效率市場提前到來，掌控消息發佈權不再具有優勢
133

二、股市暴漲暴跌，集中市場獲利困難 133

三、原始股東成為市場上唯一的贏家 135

四、資金逐漸退出集中市場vs.本益比逐年下降 138

五、創投業應運而生成為超強吸金器，本益比岌岌可危
140

第十二章　何謂泡沫？　143

　　一、典型泡沫的幻滅　145

　　二、泡沫極限的認知　149

　　三、本益比帶來的泡沫即將幻滅　153

　　四、本夢比──比本益比更加瘋狂的發明　158

　　五、本夢比眞的有公式──PE Ratio vs. PR Ratio　160

　　六、房地產的泡沫　161

　　七、電子股的泡沫　165

　　八、一場遊戲一場夢的網路股泡沫　169

第十三章　證券市場成熟演化過程三階段　175

　　一、幼稚期──零污染的新興市場　178

　　二、趨向成熟期──污染過的股市（賭場特性明顯）　179

　　三、完全成熟期──死亡後浴火重生的股市將回歸投資市
　　　　場的本質　181

　　四、現今台股處境──趨向成熟期末端　182

第十四章　全新的主力天堂　189

　　一、多頭啓動三部曲：資金＋景氣＋投機，完全趨於成熟
　　　　市場多頭的循環　191

　　二、民智漸開＋景氣＋資金，啓動新興市場期空前絕後的
　　　　超多頭行情　193

　　三、歷盡滄桑的股市，失去主力的青睞　195

　　四、尋找單純無污染、全新的主力天堂　196

　　五、資金為何到大陸？一個全新的股市主力天堂！ 197

第十五章　本益比式微後的資本市場 199

　　一、舊有股市風華褪色 201

　　二、選股策略著重營運利得，勿再眷戀資本利得 202

　　三、獲取營運利得的評價分析模式 203

第十六章　結論 207

　　一、健全股票市場下，所有長期投資者都該獲利 209

　　二、現行股市走勢是完全投機市場 209

　　三、投機市場無公式 210

　　四、本益比的發明是大股東將泡沫合理化的工具 211

　　五、預防股災心態建立 212

　　六、抱持投資態度的人，千萬不可使用投機公式 212

　　七、運用投資公式進行投資選股，確保資金安全 213

　　八、政府政策一味偏向鼓勵股市多頭上漲，應該受到質疑
　　　　與辯論 214

　　九、社會共享科技發達，經濟繁榮 216

結　語 217

後　記 221

前　言

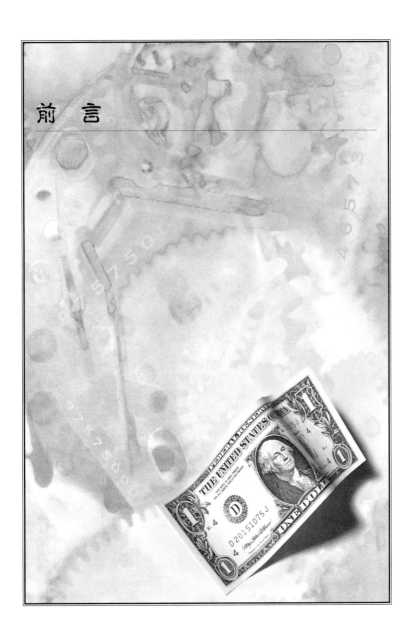

在這一場二十世紀下半世紀上演的股市爭霸戰中，參與的投資大眾們，請問你賺到錢了嗎？

如果您的左右鄰居親朋好友包括你在內，沒有人賺到錢，那麼你知道錢被誰賺走了嗎？

我們常聽到股市財富重分配的二八定律，「每一次多頭結束後，80％的人的財富，被重新分配到20％的人手裡。」

為什麼你我都不會屬於那區區的20％？而什麼樣的人才會是屬於那20％的人呢？

你會說，我有認真做功課，我有注意財經新聞，我仔細看分析師報告，我會看財務報表，我會技術分析，會畫支撐及壓力線，我選擇優良前景看好的公司，甚至你還可能說，我不投機，我都是長期投資，但你還是賠錢，你說發誓從此不再玩股票了。

你有沒有思考過，台灣過去二十年，每年經濟持續6％以上高成長，上市公司獲利更是高於國家平均成長率，任何理論邏輯都顯示你的長期投資持有上市股票應該會有豐厚的獲利，為什麼你卻如此賠錢？

你有沒有問過是誰欺騙了你呢？如何欺騙你？你可不可以反抗？可不可以自力救濟？

公司派大股東、投信法人與分析師聯手導演這場世紀大騙局，悄悄地進行了一場社會財富重分配的運動，大股東左手拿聖經，右手拿寶劍，陰謀掠奪一般社會平民百姓的財富，加速拉大貴族與平民間的差距，運動結束後，驀然回首，你發現自

己由中產階級變成了一貧如洗的貧民。

　　你知道嗎？這場騙局，如果沒有了你的參與、支持與貢獻，他們陰謀不會得逞。你把自己一生心血與積蓄，都貢獻在這場集體自殺的運動遊戲中，最後結束後發現自己一無所有。

　　如果你不想再做沉默的羔羊，那麼讓我們團結起來，共同抵制，逼迫那拿聖經的人告訴我們真相，我們要用正確合理的股價評價工具來告訴我們股價合理的投資價位，否則我們拿出革命的精神，誓死不買股票，你們大股東就準備自己給自己套牢罷。害我們賠錢的投信法人與分析師們，大聲告訴他們，我們散戶不再需要你們了，準備轉業罷！

　　坊間有很多股市交戰手冊，其實說穿了，都是在教導贏家如何戰勝股市，對於輸家，一點用處也沒有，因為根本看不懂，似懂非懂又亂做，更糟糕。最後只是讓贏家贏更多錢，輸家輸更多錢，以股市的二八定律來看，80％人是輸家，這樣的書籍實在是愧對社會。

　　在這本書中，我採用反向思考的模式，不一樣的訴求，我不教導贏家如何贏錢，贏家不必人家教，相反的，我想要教導市場上廣大受傷的輸家們，如何保護自己不要再輸錢，如果輸家不輸錢，贏家就沒有機會贏錢，股價自然落入合理投資價位，大家都採取理性手段來做投資，最後大家都賺錢，共享社會進步與繁榮。不是很好嗎？

　　本書一步一步，以最淺顯易懂的說明，帶領廣大的投資散戶，揭露此一真相，希望可以獲得廣大投資大眾的認同與支

持，也衷心希望這個曾被冠爲貪婪之島的惡名，可以蒙神眷
戀，獲得神的祝福，再度展現我們強烈的生命力、豐富的創造
力，多一點務實的努力，少一點投機的氣息，在可預見的未
來，我們一定還可以開創新的經濟與科技奇蹟。

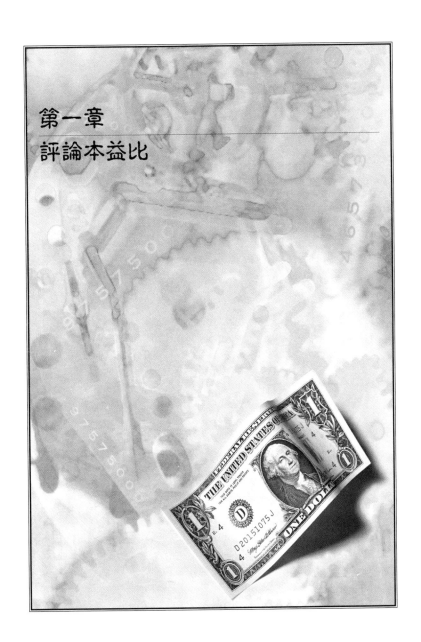

第一章
評論本益比

一、本益比被廣泛使用

本益比，這個我們在股市常常聽到的名詞，有誰懷疑過應用它的合理性及準確性？為什麼它會如此被廣泛運用？因為它是所有股價評價工具中，最為淺顯易懂的一個；它只應用到基本的乘除法，可以單獨使用，不需要任何假設前提；它不像技術分析，需要複雜的輔佐工具（乖離率、費氏藍波係數、均線交叉、黃金交叉、死亡交叉……）來做綜合研判；更不像產業分析，需要閱讀龐大艱澀的研究報告，計算市場銷貨量及推估個別產業或公司的市場佔有率等等複雜的推論過程。投資人只要得到欲投資公司的預測或已實現每股盈餘，再乘上當時市場上一般的本益比標準，很容易就可以得到預期的該公司未來的合理股價，以作為是否決定進場交易的指標。

二、正確使用本益比方式被隱瞞

其實正確的使用本益比方式，是需要很多假設前提來做綜合研判的，因為本益比並不是一個很成熟而嚴謹的計算合理股票價值的工具，它並不能被作為一個單獨的指標來評論某一家公司股價的合理性。但是如果要像技術分析那樣，教導投資人

要加入其他假設前提來一併作綜合研判運用本益比的方式，這樣會讓投資大眾對本益比的使用失去信心，對買進股票遲疑，那麼恐怕基金經理人就募集不到基金，投顧招收不到會員，分析師報告沒有人看，股市很難沒有壓力地一直上漲。所以，所謂理財專家，當然柿子挑軟的吃，複雜的假設前提就不說了，單獨使用本益比就好了。這樣的話，那些營運良好、產業有前景的公司，股價可以比較沒有限制地一直上漲，散戶會陸續加入追價的遊戲行列，直到全民運動展開、市場資金用完為止。

在本書揭露本益比的本質之後，你就會了解，如果本益比的實際應用方式沒有被隱瞞，那麼1,900元及900元、500元這樣泡沫水位的股價根本不可能會發生，散戶也不會有機會被套牢在這樣離譜的高點。

三、老鼠會的本質，原始股東受惠

其實說穿了，就是老鼠會，但是老鼠會一般來說都是最後一排老鼠倒楣；然而股市這個老鼠會往往只有底部一排受惠，以上全部垮台。如以2001年或歷年的崩盤走勢，一路無量暴跌至起漲點再破底，請問所有長期投資的人，有誰可以賺錢？至於底部這一排人是誰，我想真相呼之欲出，公司原始股東嘛！

基本上公司的股價是在上市時的那個時點才加入本益比的槓桿定律而得以膨脹。在上市前，原始大股東在認購公司股票

時，大都是以其公司股票實質的價值來作計算，即使有溢價，也是些微加法的膨脹，根本沒有所謂本益比乘法的觀念。講得明白些，原始大股東是不相信本益比這一套的，想用本益比來坑他，他會說我自己來開一家公司算了，每股10元，自己認購。因為公司股票是在上市交易之後，市場認同機能賦予其本益比的觀念，股價才得以膨脹提高。追根究底，我們得到股價膨脹關鍵點的分野是在上市的時點。從上市前的首次公開承銷開始，股票價位就以每股盈餘乘上本益比來定價。如果你把所有在集中市場買進股票的人，都是歸類屬於實驗室裡的白老鼠，其實也具有說服力，因為他們永遠只能買在本益比槓桿膨脹後大股東可脫手獲利的時點與價位。

四、錯誤的股價評價工具，泡沫化的元兇

本益比，一個錯誤的股價評價預測之工具，被大股東與分析師強迫推銷，被投資人廣泛的認同與濫用，不只欺騙了廣大的投資人，在二十世紀末，更是將世界各國高科技股市推到泡沫頂端的元兇，二十一世紀初，泡沫的幻滅，造就了金字塔尖端的少數貴族，洗貧了廣大的普羅大眾，貧民與貴族的差距將越來越擴大……

其實更可悲的是，本益比它就像是撒旦化身對世人撒下的迷幻魔力的詛咒，催眠了所有群眾，讓舉世為它編織的謊言所

迷惑而展開股票市場的瘋狂追逐戰，即使在現在群眾飽受泡沫洗禮後所帶來的財富縮水、景氣蕭條、失業率攀升、貨幣貶值、通貨緊縮種種痛苦指數節節攀升之際，竟然沒有清醒的反對聲音出來警告我們，快醒醒吧！本益比所營造的夢幻王國已經在幻滅了！

　　本書的目的就是想要喚醒二十一世紀的人類，解開二十世紀本益比為人類所下的迷咒，是我們該從催眠的幻夢王國清醒過來的時候了。我將就此錯誤的評價預測股價之工具提出解釋與證據，並就合理的評價工具提出範例，期望能取得社會廣大投資人的認同與支持。在此股市暴跌、泡沫幻滅之際，更是提醒投資人的關鍵時刻，不要再眷戀不實的夢幻，輕易的重蹈覆轍，希望未來台灣社會少一點投機之氣，多一點腳踏實地的努力，有限的資源才能得到充分的分配，如此社會經濟與科技的進步才能走得長遠，生活的痛苦指數不再飽受威脅。

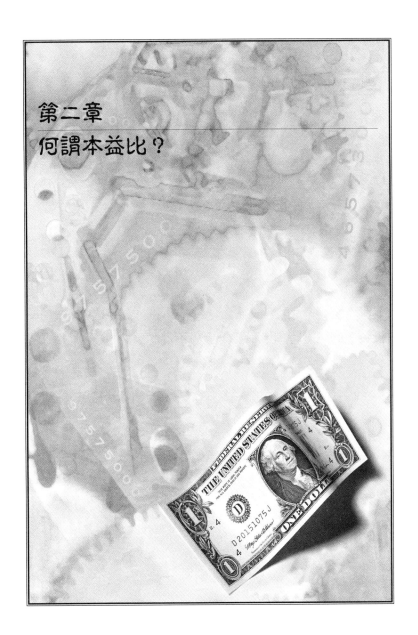

第二章
何謂本益比？

　　不知道本益比這個預測股價的理論是誰發明的，雖然本人取得美國加州州立大學財務管理碩士的學位，求學過程中，老師及書本並沒有提及何人及何時發明此一理論，在1993年本人於美國就學期間，此一理論已被廣為應用。

　　以一個理性的學習方式，接觸到一個新名詞，第一件事你會問：(1)代表的意義？然後你會想了解：(2)如何應用？

一、代表的意義

　　本益比（P/E Ratio）——教科書上對本益比的定義是「每股股價與每股稅後盈餘的比值」。進一步的解釋是「對於您所投資的某家特定的公司，以一年的時間為期，為取得該公司每賺取一元的營運所得，您所願意付出的成本」。

　　本益比＝股價／每股稅後盈餘＝P/E
　　P：每股股價　　E：每股稅後盈餘

　　舉例來說，台積電今年預估每股盈餘5元，今日股價150元，目前本益比30。所以於今日以150元買進台積電的投資人，表示他願意付出30元的成本來賺取每年1元的利潤。

　　這個公式看似簡單，實際計算時，分析師與散戶卻常常發生雞同鴨講的情況。從專業券商或投顧等服務機構取得企業資訊的投資人，可能發現報紙上報導的本益比數字和資訊服務機

構的本益比數字有出入，甚至交易所提供的也與其不同，原因是這個公式的分子及分母均為變數，尤其是分母的每股盈餘，各家採用標準更是南轅北轍，所以談論本益比時，往往必須附帶一個時間前提的必須條件，也就是每股盈餘的數據是採用去年、今年或是明年？這個前提沒有講清楚，隱藏性的誤解，就會發生。

　　例如分析師2000年中曾有的預測的言論說，「IC設計公司本益比可以到達50倍」，假設如此預測是正確的，那麼散戶看了分析師的報告後，去翻開晚報每天列出各家公司的本益比數字，從中間尋找IC設計公司中本益比低於50的進行買進，結果大半是慘遭失利，可是分析師卻在公開場合宣稱自己預測正確，也拿出數據佐證，原因出在哪裡？其實分析師沒有說謊，原因就是出在分析師所用的每股盈餘是今年的預測值（市場分析師一定是使用預測的未來EPS），而且可能是自家研究團隊計算出來的預測值，而報紙普遍使用的數據都是去年的實際EPS值作底來計算本益比。在這種採用值的先後時間不同的情況下，當該公司去年每股盈餘遠高過今年的預測每股盈餘時，這種雞同鴨解的情形就發生了。例如公司去年每股盈餘10元，今年預估是3元，目前股價是150元，那麼現有本益比就會是50，可是報紙使用的是去年的數據，所以本益比是15。

　　以上面這個例子來看，報紙使用去年的數據，與分析師使用今年預測的數據，其實各有立場，都不算錯。先說分析師採用今年預測數據的原因：股票投資買的是未來，過去已經發生

的事情大家都知道了，也反映過了，未來可能的走向，才是決定輸贏的關鍵，於是大家各憑本事去做預測，預測正確的就是贏家。所以分析師自然是採取自家研究團隊預測的數據。至於報紙採用去年數據的立場是因為，報紙並非證券研究機構，無力做各家上市公司之預測，如採用市場上的預測，各家投顧或券商數據都不同，很難保持中立的立場，最能保持中立，而又反應事實報導的方式就是採用去年實際發生的數據。

二、如何應用？

再來談談如何應用本益比預測股價，因為本益比本身就是一個不合理、也不合邏輯的股價評價工具，所以合理的本益比應該是多少？其實沒有定論。就像英美法系的國家，是採用習慣法一樣，其法律案件的審判是依照過去發生的案例來判決。相同的本益比應該多少？其實也是由過去的習慣經驗來做預測。預測方式可從兩方面切入：

（一）就整體股市而言

可利用歷史紀錄中多頭及空頭時股市或類股平均本益比的數據來作標準值，用來預測本益比未來可能到達的位置。投資學教科書裡都是教導投資人選擇在低本益比（歷史低檔區的本

益比水準）時進場，等到股價攀到高本益比（歷史高檔區的本
益比水準）時出場。

　　但是實際操作上，分析師常常是在高本益比水位時，伴隨
著一篇篇看多的產業報告，說服你進場加碼追價；而在低本益
比水位時，所有空頭的言論往往也是毫不留情地傾巢而出，讓
已經跌深的股票更加感覺雲深不知處。

　　另外，實際操作上尤其困難的是，歷史的高低本益比水準
一直處於劇烈變化中，根本就難以捉摸，舉例來說，在民國79
年2月那次的歷史高點12,682點行情時，最強勢的金融股本益
比都在200以上，當時的國壽、三商銀，股價都在千元以上，
而營建股、其他資產股股價站在五百元以上的也是比比皆是。
以當時股王國壽最高點1,975來看（78年6月），本益比302
倍，事隔八年之後，到了86年8月10,256那次的高點（歷史上
第二次破萬點），最強勢的電子股一般卻約只在50至60左右。
當時的股王華碩，除權後最高點來到790元，本益比僅36.2。
雖然當時的市場一片欣欣向榮，熱情沸騰到最高點，很多上看
二萬、三萬點的言論都出籠，直拿當初的金融股本益比來跟當
時的當紅電子雞做比較，市場上盛傳，以後我們要習慣股價上
千元的言論充斥。誰知人算不如天算，極限也僅能到這裡了，
千元的股價沒有半個達到，連一般強勢股平均100倍的本益比
也沒有到。

（二）就類股而言

　　書本上就理論的建議是，與當時股市龍頭股一般本益比或當時同類股中龍頭股一般本益比作比較，尋找較低本益比之個股進行買進，期望調整至一般水準。

　　實際操作上，保守的分析師（大半券商分析師屬於此類）會採取此模式建議投資人買進，多頭持續時此策略會奏效，可是有時這些低本益比的族群會反映過慢，慢到空頭來襲，結果是會不漲反跌，而且是領先高本益比族群下跌，讓你措手不及。所以有很多激進派的分析師（大半投顧分析師是屬於此類），都是建議投資人買進高本益比的股票，持有的論點是，因為其前景看好，所以才會是高本益比，以短期來說，此類建議常常可以發揮立竿見影之效。不明就裡的投資人很容易去崇拜這類的分析師，而且會競相走告，告訴街坊鄰居，這個分析師有多神準。然而最終會害你賠掉大錢的，往往也是這一類的分析師。投資股票不能只看一、兩天的績效，要看一段期間，少則一、二年，多則五年、十年，這樣看才公正。

第三章
本益比被隱藏的真相

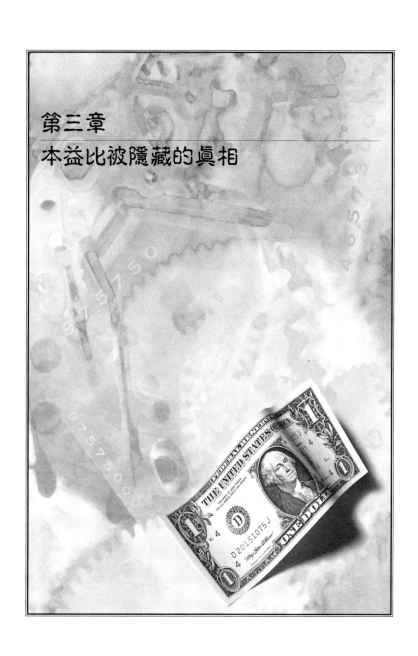

一、假設前提每年獲利穩定一致不改變

　　當分析師或教科書在教導你使用本益比來推算投資標的物的合理股價時，通常他們都隱藏了一個背後很重要的假設前提沒有告訴你，也就是每年的獲利必須是穩定不改變且至少持續N年（N＝本益比）。舉例來說，假設台積電今年每股盈餘5元，股價150元，本益比為30可以成立的話，其先決條件是往後的三十年，台積電每年都固定獲利5元，沒有變化，那麼三十年可累積收回150元。

　　5元×30＝150元

　　請問投資人，有誰真正了解過本益比有這樣的背景？又有哪位分析師曾經提起過這樣的邏輯，我想有很多分析師是有看到這樣的背景邏輯，但是他們為了誘導投資人參與，所以刻意隱瞞了，至於那些從來看不到這一層背景的分析師，投資人你還可以相信他講的話嗎？

二、付出成本無法取回被教科書略過

　　以教科書上對本益比的解釋「……以一年的時間為期，為

取得該公司每賺取一元的營運所得，您所願意付出的成本。」很明顯的書本上忘了提醒你，1元的利潤是賺到了，30元的成本是拿不回來的；或者說，可能需要三十年的時間才可以拿回來。這還是假設台積電每年固定獲利5元，並且永續經營的前提下，我們可以在三十年後將成本取回。如果台積電每下愈況，那你的回收時間還要拉長，甚至可能無法取回（實際的股票市場實例中，公司營運每下愈況，是很正常的現象，公司就像個人一樣，在步入成熟期後，開始衰退，然後滅亡）。

因為在本益比理論中，你所付出的30元，並沒有得到任何相對的實質物質抵押，你若想回收，只有等三十年。想想你為了每年可以賺1元，一次付出30元，是不是很愚蠢，這是本益比的盲點，教科書從來不提，而分析師也理直氣壯地照用。

三、本益比30，其回收遠低於定存利率，且本金不確定回收

本益比30，這個經常被市場認同在電子股上的本益比數字，實質上是每年3.3％（1元利潤，30元成本。所以1/30＝3.3％）的年投資回收率，遠低於幾年前一般認同的定存利率6％，尤有甚者，定存的本金是永遠存在的，以6％利率為例，16.66年時間（不加計複利）可累積回收成本，而且成本回收後，原始本金依然存在。然而用在股票本益比理論下的所謂成本，在三十年的回收後，本金是不存在了，其實一直都不存

在，不是三十年後才不存在。所以3.3％稱爲年投資回收率，而6％的定存利率，是該被稱爲投資報酬率。

　　諷刺的是，投資人沒有感覺到本金不存在，甚至還認爲本金會增加，原因是你買股票時，總是預期股價會上漲，那麼你就以爲本金是存在的，可是在很多事後映證的例子，你會發現長期投資的結果，本金都不見了，以檯面上目前看得到的2元、3元紡織營建水餃股，回想十年前他們也都是叱吒風雲的盤面明星，前途一片光明的，卻可以跌破淨值，再破面額。當股票趨近於零時，何來本金可以回收？所以長期投資的你，只能指望每年股利的回收，30倍的本益比要回收三十年耶！

第四章
實例演算，驗證本益比的合理性

在本益比的理論下，所謂的成本，大半是沒有取得實體的無謂付出。為什麼這樣說，以下用眞實例子和計算模式爲你抽絲剝繭，揭開眞相。

以89年6月15日買進台積電打算長期投資爲例（眞實的例子）：

第一，當天股價150元。
第二，當時淨值15.74元。
第三，當年預估每股盈餘5.5元。
第四，我們假設台積電每年固定獲利5.5元，並且永續經營（在分析師使用本益比預測股價時，都必須有假設其公司獲利持續及永續經營兩項先決條件，否則本益比不能適用）。

由以上條件，計算得到如下數值：

計算1，本益比：150 / 5.5 = 27.27
　　　　（公式：本益比＝每股股價 / 每股獲利）
計算2，溢價：150 － 15.74 = 134.26
　　　　（公式：溢價＝每股股價－每股淨值）
計算3，溢價 / 淨值比：134.26 / 15.74 = 8.52
　　　　（公式：溢價 / 淨值比＝溢價 / 淨值）
計算4，溢價回收年限：134.26 / 5.5 = 24.41
　　　　（公式：溢價回收年限＝溢價 / 每股獲利）

計算5，公司資產報酬率：5.5／15.74＝34.9％

　　（公式：公司資產報酬率＝每股獲利／每股淨值）

計算6，個人年投資資本回收率：5.5／150＝3.6％或1／

27.27＝3.6％

　　（公式：年投資資本回收率＝每股獲利／每股股價）

一、股價權益

　　那麼150元股價的付出，實際上取得權益為15.74元的實體資產（可稱之為本金），外加每年5.5元的獲利回收權益。

二、溢價權益

　　實際的說，你所付出的每股成本，在扣除每股淨值後，其餘皆為溢價。在當年度來說，溢價的價值只是一個未來每年5.5元的回收權益。而淨值15.74元的部分，因有其實質價值，可以看做是你放在該公司的本金，當公司因故結束營運時，可變現取回，故有其價值。

三、溢價／淨值比

溢價／淨值比8.52（見計算3）代表的是你所付出的溢價是取得的實質資產的8.52倍。

四、溢價回收年限24.41年

你付出134.26元的溢價，取得每年5.5元盈餘回收的權益，那麼你需要24.41年（見計算4）的時間收回溢價（見計算2），24.41年以後，台積電所賺的錢，你才真正開始受益。

本益比的理論中，此例的解釋是，「對於台積電這家公司，你願意花27.27（見計算1）元的成本來賺取每年1元的獲利回收。」模糊了焦點。

比較精確的解釋應該是，「你願意付出24.41年等待的代價，來換取24.41年以後，每股15.74元的本金，及未來高達34.9％的本金報酬率（見計算5）。」你有沒有注意到，24.41年以後取得的權益是15.74元本金，而非你的原始支付成本150元；如果以銀行定存的計算模式來看，其實從頭到尾，你以150元買到的一直是一個15.74元價值的本金及高達34.9％的本金報酬率而已。你為了得到這個34.9％的本金報酬率，願意付

出其8.52倍的溢價金額，及24.41年的等待溢價回收年限。

　　聽起來很嚇人罷！你終於明白，為什麼你的分析師不用等待年限的解釋，而要用本益比這個所付成本的解釋來建議你買台積電？因為「對於台積電這家公司，你願意花27.27（見計算1）元的成本來賺取每年1元的獲利回收。」這樣的解釋具有陷阱，你感受不到可怕之處，如果他告訴你等待年限是24.41年，你就不敢買股票了！

五、34.9％資產報酬率 vs.3.6％個人年投資資本回收率

　　台積電絕對是一家好公司，以15.74元的每股資產淨值，透過高效能的營運，每年可有5.5元的獲利能力來看，資產報酬率高達34.9％（見計算5），遠遠高出當時的一般市場定存利率6％。如此好的獲利是值得你把身邊多餘的資金拿來長期投資台積電。

　　可是天呀！你可不是買在實質資產價格15.74元，你是買在150元耶，你多花了8.5倍等同134.26元的溢價（見計算2）耶！所以你的個人年投資資本回收率僅有3.6％（見計算6）。想想看，你以前是不是只有看到5.5元的每股高獲利，而忽略了150元甚至曾經是230元的高價格。

六、一流的公司 vs.不入流的價格

姑且不論平均每年獲利5.5元的榮景可否持續24.41年？更需要關心的是本益比27.27時，投資人每年年投資資本回收率僅有3.6％，遠遠低於當時的定存利率6％。這還是假設本金為150，沒有變動的情況，兩者才能比較，你要知道定存計算獲利率時，本金是永遠存在的！一個是回收率，一個是報酬率。

為什麼你的分析師不這樣算給你看？請問你做什麼樣的爛生意，會每年回收3.6％，花24.41年收回本金後才開始賺錢，你乾脆去賣蚵仔麵線還更好！或者我建議你把錢放入定存算了！

七、年投資資本回收率 vs.年投資資本 報酬率

這下你該了解為什麼我使用「年投資資本回收率」的名詞而不使用「年投資資本報酬率」的名詞了吧！如果是報酬率，表示本金還在，就像定存，既然本金不在，就只能稱為是資本回收率了！

兩者的差異很大，其實是不能相比較的，但現在有時分析師會拿本益比來跟定存利率來比，以現在很多股票本益比跌至10倍，1／10＝10％，分析師會跟投資人說，10％報酬比定

存5％高，大家應該買股票，他們把回收率和報酬率弄混了，你應該要知道兩者是不能比較的。

八、溢價回收時間過長，風險加大

每個人的想法都跟你一樣，覺得台積電是一流的公司，很會賺錢，都想成為台積電的股東，你當然就不能以現在實質資產的價格來買進它，於是你願意多花一些價錢（財務上俗稱為溢價），將你的獲利機會延後，取得未來可以獲利的權益。這樣的觀念是可以理解的。但是一旦獲利機會延後的時間過長，你非常有可能會錯過了公司高獲利的時期，屆時獲利率衰退，甚至可能面對公司虧損拿不回成本的窘境。在實際的市場操作下，拿不回成本是常常會發生的狀況，公司就如同人類一樣有生命週期：

起步期緩步成長→成長期的快速成長→成熟期的停滯成長→衰退期的負成長→步入滅亡

通常浮在檯面上，赫赫有名的公司，大半是屬於成熟期，即將步入衰退期的公司，很快就要面對獲利衰退，甚至出現虧損的境地，這樣你用本益比計算公式來買股票，回收年限是會高於本益比倍數的（因為 PE ＝ Price ／ EPS 的公式中，當 EPS 越來越小時，算出來的 PE 值會越來越大）。看看目前盤面股價

跌至3元、2元甚至1元的比比皆是，就是公司步入衰退期的例子。回首過去，十年前這些公司也都曾經有過一段像台積電一樣的風光期，即使至今其中大半也都是營運正常，財務狀況良好公司，如果你在十年前以本益比30倍買股票，長期投資到現在，即使你領了很多盈餘轉增資的配股股票股利，我想你應該是依然處於虧損狀態中。

九、27.27的本益比是27.27年成本回收年限

既然長期投資股價可能失去價值，本金無法回收，所以本益比如果就說它是成本回收年限也不為過。27.27的本益比代表27.27年的時間可取回本金，也就是27.27年的成本回收年限。27.27這個曾經是普遍被市場接受的本益比倍數，其實是遠遠高於定存利率6％時的16.6年回收年限。尤有甚者，定存在16.6年回收本金後，原始本金仍在，而對股價來說，27.27年以後，本金可能是不存在的。

姑且不管台積電在未來十年、二十年股價是否會跌至10元面額以下，光是以現在這個時點，它的實質價值就僅有淨值的15.74元，遠低於你的購買價格，所以我們假設它的本金一直不存在也是很合理的，當它有一年出現虧損時，一方面立刻侵蝕到淨值的價值，另一方面，股價可能立即跌至10元以下。以現今股市特性，任何一家公司都有可能發生。

第五章
本益比槓桿特性加速股價暴漲暴跌

　　公司偶爾因大環境經濟狀況不佳或產品研發出貨不順，導致營運出現微幅虧損，應該是很正常的事，只要虧損不是年年發生，或者發生鉅幅虧損，侵蝕掉大部分的原有股本，對公司財務狀況、運作體質，其實不會有太大的影響；只是我們現在的分析師，一致採用本益比作為計算股價工具，總是教導投資人愛之欲其生、恨之欲其死的不理性作為，獲利提高就拚命叫你買進，衰退就拚命叫你賣出。事實上，股票市場上的每一個利多或利空消息對公司財報上的影響，好與壞中間的差別通常只有幾塊錢甚至幾毛錢而已，而且通常是僅限於對當年的影響，明年有明年的影響因子，由於尚未發生所以無從預測。可笑的是，現今的股票市場，對於任何一個利多或利空的消息反應，股價的波動卻可以到幾十元，甚至上百元，這樣不理性、不合理的表現，導致我們在股市操作連連失利，一、二天不看報紙就可能因忽略掉重大事件而產生鉅大虧損。歸根究底，本益比獨特的不合理槓桿特性是罪魁禍首。至於本益比是如何發揮槓桿效益，我們要先了解分析師如何建議及推算股價？

一、分析師在推薦股票及預測股價時的計算方式

1.推算該股當年EPS（每股盈餘）。
　　➡大券商會採用自家研究團隊推算出來的數據，小券商通常會採用各上市公司自行發佈的預測數據。

2.EPS × PE（當時市場上一般本益比）＝預期股價（不含權值）。

➡所謂當時市場一般本益比，通常是採用當時先行發動的強勢股族群作爲參考指標。

3.預期股價（不含權值）×當年無償配股權值＝預期除權前股價。

➡如果該股含權尙未除權，會再乘上所含權值，以先行反應除權後必須有的價位水準，這就是爲什麼通常除權前會大漲的原因。但有時候，因環境因素未在除權前反應完畢，除權後會有塡權的可能。

二、實例推算

舉86年6月時的力捷爲實例，那時市場上對於前景看好的電子股，一般預期合理本益比落在50倍左右。以當時掃描器市場一片大好的聲浪簇擁下，生產掃描器的力捷股價確實朝著50倍本益比的方向挺進，除權前最高曾觸及276元的歷史天價，雖未將50倍的本益比反應完全，但除權後最高來到228元（86年7月17日），卻是相當接近50倍本益比。

1.分析師預測當年EPS爲4.85元。（**表5-1**）

2.預期股價（不含權值即除權後）：4.85 × 50 ＝ 242.5。

表5-1　力捷86年初財務預測公告

序　　　號	1	發言日期	86/01/30	發言時間	15:22:42
發　言　人	王正明	發言人職稱		發言人電話	
主　　　旨	公告本公司86年度財務預測				
符合條款	第二條第11款		事實發生日		
說　　　明	本公司86年度財務預測業經勤業會計師事務所鍾聰明、廖思清會計師於86.01.23核閱竣事，其損益資料如下：淨營業收入15,343,730仟元，營業成本12,660,915仟元，營業毛利2,652,815仟元，營業費用1,138,804仟元，營業利益1,514,011仟元，營業外收入182,195仟元，營業外支出231,682仟元，稅前淨利1,464,524仟元，預計所得稅費用123,186仟元，稅後淨利1,341,338仟元，預計每股盈餘4.85元。				

資料來源：證交所。

➡50為當時一般可接受的電子本益比。

3.預期除權前股價242.5×（1＋0.5）＝364。

➡當時力捷公告配發股票股利5元，也就是每1股配發0.5股股票股利。

三、力捷──典型本益比槓桿讓散戶在股市失利的例子

力捷算是散戶在股市中賠錢的最典型的例證，在民國86年開春以後，電子股狂飆的那段時期，很多電子股夾著當紅電子雞的威力，充斥著每日報紙版面，只要是電子股，都有很高的

新聞曝光率，當時關於力捷利多消息也是時有所聞，包括有營收頻創新高，接到Apple授權成為亞洲唯一生產麥金塔相容電腦掃描器工廠，在北美市場銷量超越HP，躍居為北美高階掃描器第一品牌等等。

　　力捷股價就在一片看好聲中一飛沖天，飆高到276元歷史天價。多頭的反轉先是因為亞洲金融風暴，緊接著所有負面消息陸續出籠，包括掃描器價格下滑，但最具殺傷力的還是關於市場上謠傳力捷把貨出至海外子公司，作帳成台灣母公司營收頻創新高，而其實是把貨囤積在海外子公司，並未實質賣出。這樣的謠傳如果屬實（未得到證實），那麼就是典型的公司派在利用本益比的槓桿倍數，外加多頭市場的威力，一舉把股價拉高圖利；然而消息揭露後，股價就像直線落體般以重力加速度落底，一舉打到起漲點後再破底，至2001年7月24日股價僅剩3.98元，使得當時買在200元價位的投資人真是不勝唏噓。（圖5-1）

　　想想力捷股價從起漲點到高點再回到起漲點不過是一年的時間（86年初到86年底），公司體質可能在一年的時間裡發生如此的變化嗎？其實都是本益比惹的禍，若不是本益比助長其股價得以在槓桿倍數作用下飆漲，也就不會在獲利警訊發生後，以槓桿倍數的速度下跌。

　　冷靜的思考，以當年的獲利預估4.85元來看，如果此預估成真，相對於85年的實質獲利3.74元，對該股真正的影響也僅有1.11元，如果股價要反應該項利多，反應幅度是否也該僅有

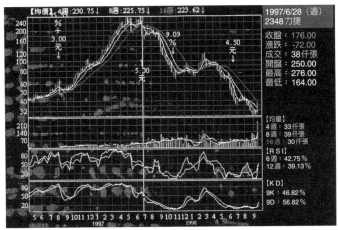

圖5-1　力捷週線走勢圖（86年5月-87年9月）

資料來源：財訊網站。

1.11元，可是本益比的加乘效果卻讓它多了50倍的漲升幅度，於是乎在當年底，當陸續的實際財務結果公佈後，獲利僅有2.71元，達不到預期時，股價也毫不客氣地以重力加速度加乘的效力，直往下挫。從另一方面來說，如果要以本益比50倍來反應增加的1.11元每股盈餘，分析師是否也應該提供足夠的資料證據來說服投資人，這1.11元的每股盈餘增加是會連續持續50年，如果只是一年，那股價應該只以上漲1.11元來反應。

四、本益比法假設每年獲利相同與事實相違背

　　以50的本益比來買進股票作投資來說，其實是假設五十年維持相同獲利的狀況下，才有意義。我們從以下力捷近十年的實際獲利狀況來看（**表5-2**），每股盈餘波動幅度實在太大，而這也是當今電子股族群中普遍可以看到的情況。以如此巨幅波動的每年每股盈餘數字，要來採用本益比的推算股價模式，股價會發生巨幅波動的狀況也是自然而然的事。

表5-2　力捷近十年財務表現

力捷電腦											
單位：新台幣千元（除每股為元外）											
年度	股本	營收	每股營收	稅前盈餘	每股稅前	稅後盈餘	每股稅後	每股淨值	現金股利	盈餘股利	公積股利
79	80,000	83,000	10.38	-14,000	-1.73	-14,000	**-1.73**	6.71	0.00	0.00	0.00
80	80,000	252,000	31.50	10,000	1.26	10,000	**1.26**	7.94	0.00	0.00	0.00
81	195,000	972,958	49.90	220,000	11.30	218,009	**11.18**	20.33	1.00	6.00	0.00
82	400,000	1,587,641	39.70	335,057	8.38	321,884	**8.05**	19.67	0.00	5.00	0.00
83	649,000	2,100,056	32.36	304,796	4.70	290,273	**4.47**	17.85	0.00	3.749	0.00
84	900,000	3,649,155	40.54	322,266	3.58	327,765	**3.64**	16.47	0.00	3.00	0.00
85	1,729,200	6,305,573	36.47	610,172	3.53	646,896	**3.74**	22.77	0.00	3.85	1.15
86	2,938,699	14,402,948	49.01	774,279	2.53	796,720	**2.71**	24.48	0.00	1.50	3.00
87	4,295,114	13,792,297	32.11	-1,479,621	-3.44	-1,440,850	**-3.35**	13.19	0.00	0.00	0.00
88	4,295,114	10,604,500	24.69	-2,570,078	-5.98	-2,247,209	**-5.23**	7.86	0.00	0.00	0.00

資料來源：鉅亨網。

以下我們就用力捷實際發生的財務獲利數據，來驗證本益比到底是否為合理的股價評價工具。我們假設每年本益比水準固定維持16不變（年利率6％時，16.6年的回收年限），那麼依力捷79年至88年這十年來，實際發生的每股盈餘為基礎，計算出力捷股價將產生數據變化如**表5-3**。

從**圖5-2**我們可以很明顯的看出，即使我們摒除了所謂資金行情或政治因素所帶來多頭空頭等造成股價劇烈波動的干擾因素，假設一個歷年不變的本益比水準，股價依然波動劇烈，這是因為每年每股盈餘數字本身就隱藏不穩定的波動因子。我們常常以為是那些突襲的消息面影響造成的股價鉅幅波動，其實抽絲剝繭才發現，真正對股價具有影響力的是本益比本身的槓桿力道。

表5-3　本益比恆為16時的近十年股價變化

年度	每股盈餘	本益比	股價
79	-1.73	16	10以下
80	1.26	16	20
81	11.18	16	179
82	8.05	16	129
83	4.47	16	72
84	3.64	16	58
85	3.74	16	60
86	2.71	16	43
87	-3.35	16	10以下
88	-5.23	16	10以下

資料來源：鉅亨網。

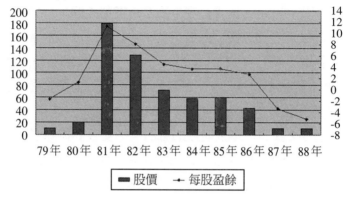

200
180
160
140
120
100
80
60
40
20
0

14
12
10
8
6
4
2
-2
-4
-6
-8

79年 80年 81年 82年 83年 84年 85年 86年 87年 88年

■ 股價　→ 每股盈餘

圖5-2　本益比恆為16之力捷年線

　　力捷從79的的10元以下到81年的高點179元再回到87年的10元以下。價差如此猛烈，實在搞不懂，全市場的分析師與投資人，竟然都可以接受這樣的變化。而且更奇怪的是，通常高點時，成交量又特大，表示參與的人多，被套牢在高點者眾。尤有甚者，在公司獲利突出時，市場分析師更是一片看好的告訴投資人，要賦予此公司更高的本益比，可是往往公司的高獲利都僅為曇花一現，次年或第二年就立刻滑落，所謂物極必反，想想投資人要承受多大的落差。

　　這個實例給予我們一個啟示，下次我們要學會反向思考，尋找低獲利低本益比族群進行投資，因為一個今年賺0.1元的公司，明年要成長到賺3元，是要比今年賺10元的公司，明年要賺30元來得容易一些（參考第七章第四節的超值低價潛力股）。

五、加減法 vs.本益比法

　　大部分投資人都認同，股票投資購買的是未來的獲利希望，而非過去已發生的事實。因為過去發生的事大家都知道，股價也都反應過了。能先一步推測將來並正確掌握未來趨勢的人，才能是市場上的贏家。而以上面力捷的實際歷史財務數據所展現出來的股價波動，也支持我們不該使用本益比計算方式來預測股價進行投資的反傳統理論，它證明了，即使排除了其他可能影響股價波動的因子，一個永恆不變的本益比倍數，仍然可以讓股價產生巨幅波動，原因是公司實際的每年每股盈餘大半是處於巨幅波動的不穩定狀態。

　　就以本益比使用乘法來計算股票價值的情況下來評論，我們都知道當我們要使用乘法計算公式——乘數乘以倍數時，每個乘數必須是相同的時候才可以使用乘法，也就是必須有倍數個乘數時，才可使用到乘法，如果每個乘數是不同時，我們僅能使用加減法。舉薪水例子來說：

　　1.甲小姐是秘書，每個月固定薪水 20,000 元，其年薪計算可採用乘法如下：

　　　20,000 元×12 月＝240,000 元

　　2.乙先生為業務，每個月薪水不固定，其年薪計算就只能

採用加減法如下：

40,000元（1月）＋20,000元（2月）＋30,000元（3月）
＋50,000（4月）＋60,000元（5月）＋20,000元（6月）
＋50,000元（7月）＋40,000元（8月）＋30,000元（9
月）＋70,000元（10月）＋20,000元（11月）＋40,000
元（12月）＝470,000元

　　相同的，當我們看到公司每年每股盈餘呈現波動不穩定狀態時，我們就不該採用本益比倍數的乘法公式來計算股票價值，現在是我們應該回歸到最原始的加減法推算公式來預測股價的時候了。

　　假設我們現在處於民國81年初的時點，並且我們具有獨到的眼光，已藉由IDC等研究報告所作的未來十年市場預測數據中，正確地推算出未來六年（至86年）的力捷獲利，現在我們要在81年這個時點，一舉將我們看到的未來6年（至86年）獲利反應完全（多頭市場有此特性，即將已看到的未來獲利，趁市場題材正熱時，一舉將股價反應完畢，然後在題材淡化後，又跌回起漲點），我們來看看加減法與本益比法有何不同？

　　共同假設：前提每年盈餘全數分配，不提撥保留盈餘。

（一）加減推算法

公式：

淨值(81年)＋EPS(81)＋EPS(82)＋EPS(83)＋EPS(84)＋EPS(85)＋EPS(86)

計算：

20.33＋11.18＋8.05＋4.47＋3.64＋3.74＋2.71＝54.12元

（二）本益比推算法

推算原理是先計算出86年的股價，再乘上每年可能之除權配股權值，推算回81年的股價（通常會假設最好狀況，也就是獲利盈餘全數配股）。

公式：

EPS（86）×16（本益比）×（1＋年配股率<85>）×（1＋年配股率<84>）×（1＋年配股率<83>）×（1＋年配股率<82>）×（1＋年配股率<81>）

計算：

2.71×16×1.374×1.364×1.447×1.805×2.118＝450元

（三）長期持股，加以驗證

1.假設每年獲利全數配股。

2.81年買進1,000股，至86年共衍生成10,367股。

　計算：$1,000 \times 2.118 \times 1.805 \times 1.447 \times 1.364 \times 1.374 = 10,367$

　（為什麼要推算到86年為止，因為86年以後，力捷開始走下坡，持續每年虧損，不再配股。）

3.時至民國89年12月31日，股價5元。

◆以加減推算法計算出的價格54元買進1,000股

原始成本：$54 \times 1,000 = 54,000$元

換算今日每股成本：$54,000 / 10,367 = 5.20$元

◆以本益比推算法計算出的價格450元買進1,000股

原始成本：$450 \times 1,000 = 450,000$元

換算今日每股成本：$450,000 / 10,367 = 43.40$元

以上兩種推算法，你可以很明白的看出，以本益比的推算法預測的股價，長期投資下來，你根本無法賺錢，甚至是大大的賠錢，尤有甚者，以上推算還是採用與定存利率相同的低本益比16.6倍，如果採用多頭時一般接受的30倍或是50倍本益

比，今日每股成本更會提高至2倍或3倍，如果本益比是一個合理的推算公式，為什麼會有這麼離譜的失誤？深思一下如果連長期投資都無法獲利，這樣的投資你還認為有價值嗎？

六、文明演進讓我們喪失了基本的推算能力

對於一個我們已經可以看到的獲利價值先行作反應是大家可以理解接受的道理，股票市場上就很盛行這樣的現象。就好比一台吐鈔機，星期一吐1萬元，星期二吐2萬，星期三吐3萬，裡面共裝了6萬元，預計分三天吐完。那麼這台吐鈔機的價值，應該是1＋2＋3＝6，6萬元的價值。如果有人要賣你這台吐鈔機，最多你也只願意付出6萬元，請問你會用1萬元去乘以本益比30或50來計算其價值，然後用30萬或50萬去買這台機器嗎？你一定笑說我怎麼會這麼傻。可是換成是股價，你竟然就可以接受，又開始變成傻子了。

同理，股價要反應公司未來可見的獲利，明明是應該要用加減法來計算，為什麼會跑出本益比這種乘法的計算方式呢？以力捷的例子來看，如果當時的股價反應是用加減法反應，那一旦預測錯誤，獲利往下修正2.14元時，投資人也僅該虧損2.14元，怎麼會從該年7月的228跌到該年10月的75元，短短不到三個月的時間股價腰斬再腰斬。

試想，當你實際拿出資金做生意時，你是不是會先預估每

年投資報酬率，然後計算出你的回收期限來評價是否值得投資。請問一般開店做生意，你可以接受的回收年限是幾年？其實大家很清楚對不對，好的一年，差一點的二至三年吧？計算投資報酬率和回收期限，這是很簡單的算術，古老的祖先就會如此算了，為什麼我們科學越來越發達，文明卻越來越倒退，我們發展出如此複雜的金融體系與資本市場，卻喪失了最簡單的推算能力。明明是27.27年的回收期限，每年3.6％的投資回收率，你偏偏要說是27.27的成本來獲取每年一元的利潤。因為27.27的成本聽起來感覺不太高。

我們都被教育說，投資股票，看的是未來，要做長期投資。好吧！就說台積電是一家前景看好的公司，我願意在此時多花一些溢價，將我的獲利放到以後，可是放眼望去，有多少比例的公司高獲利光景可持續超過十年，更別說是三十年、五十年，半百以後公司是否還存在，是一個很大的變數，用30或50倍本益比去假設未來三十年甚至五十年期間，每年相同不變的高獲利每股盈餘，是非常離譜的事情。

另一方面來說，公司今年虧錢，不代表明年也會虧錢。實際的例子來看，大半的公司會在一年或兩年的虧損後，想辦法讓其轉虧為盈，所以股價在虧錢當年跌至5元，那些賣股票在5元的投資人，如果在第二年看到該公司股價又因轉虧為盈回復到20元時，真是情何以堪。

第六章
本益比槓桿下的不合理獲利

一、營運利得 vs. 資本利得

　　你與先生開了一家小吃店，專賣蚵仔麵線，你拿出開業資本40萬元，購買生財器具花掉34萬，並且支付第一個月店面租金每月2萬元，與押金3萬，還有第一個月的材料費1萬；你的麵線很好吃，生意非常好，開店一年之後，你計算營運收益如下：

平均每天收入：	6,000元×30天×12月	＝2,160,000
每月材料費：	10,000元×12月	＝（120,000）
每月房租：	20,000元×12月	＝（240,000）
押金：	30,000	＝（30,000）
開店費生財器具：	340,000	＝（340,000）
機會成本（夫妻二人上班薪水）：	40,000×2人×12月	＝（960,000）
年盈餘：		470,000
資本回收率：	470,000÷400,000	＝117.5％

　　117.5％，約1.18倍的回收，這在一般上市公司中，是多麼好的數字呀！可是你擁有這麼賺錢的事業體，你每天想的，大概也只是如何增加收入、降低成本，以提高獲利！也就是財務上稱「營運利得」。你大概不會去幻想本益比20或本益比30

時，市價會是值多少錢？及賣掉股份後可以獲利多少錢？也就是財務上稱「資本利得」。我們來算看看營運利得與資本利得有多大的差距吧！

　　條件：-資本額：400,000元，每股10元，發行40,000股。

　　　　　-每股盈餘：470,000元（年盈餘）÷ 40,000股＝

　　　　　　11.75元

　算式1：本益比20時

　　　　*每股市價：11.75 × 20 ＝ 235元

　　　　*市值：235元 × 40,000股 ＝ 9,400,000元

　　　　1)營運利得：470,000

　　　　營運報酬率：470,000 ÷ 400,000 ＝ 117.5％

　　　　2)資本利得：9,400,000 － 400,000 ＝ 9,000,000元

　　　　資本報酬率：9,000,000 ÷ 400,000 ＝ 2,250％

　算式2：本益比30時

　　　　*每股市價：11.75 × 30 ＝ 352.5元

　　　　*市值：352.5元 × 40,000股 ＝ 14,100,000

　　　　1)營運利得：470,000

　　　　營運報酬率：470,000 ÷ 400,000 ＝ 117.5％

　　　　2)資本利得：14,100,000 － 400,000 ＝ 13,700,000元

　　　　資本報酬率：13,700,000 ÷ 400,000 ＝ 3,425％

　　想看看，一年前，你才拿40萬元出來，到了年底，加上已實現獲利47萬元，其實你最多也不過是過擁有約87萬元的實質

資產，市值竟然高達940萬（本益比20）或1,410萬（本益比30），你一定從來不敢這樣想對不對？可是為什麼換了另外一種模式，另外一種包裝，你就可以接受了呢？同樣是賺錢，為什麼科技類股可以，蚵仔麵線不可以呢？賺來的錢有等級差別嗎？賣麵線賺來的錢不可以買賓士，開科技公司賺的錢才可以嗎？你投資股票的目的是為了賺錢，不是像買鑽石或賓士車一樣，為了炫耀或者是藉著成為高科技公司股東來提高社會地位吧！所以錢賺到了手上都一樣不是嗎？

那麼我也來改名字，改成蚵仔科技麵線開發股份有限公司，準備要尋找買家，終於遇到一個傻子來詢價，你把本益比的計算及結果拿給他看，你說現在市場普遍本益比30，所以市場價值1,410萬，但你開價940萬元就好，以本益比20做計算。這個傻子不懂何謂本益比，但是他知道開店行情，他說我自己開一家店賣麵線，只需拿出40萬元就好了，為什麼要花940萬來買你的店？你回答說，因為我的店已具有新競爭者難以切入的獨特性：

第一，採用最新科技製麵，具有競爭力，獨家技術配方，
　　　競爭者難以模仿，
第二，品牌逐漸打響知名度，無形價值提升。
第三，市場接受度高，客戶穩定成長。
第四，每股盈餘11.75元，一年賺回1.18個資本額，利潤
　　　高、回收快。

第五，營收不斷創新高，具有想像空間，未來每股盈餘還
　　　可望繼續攀升。
第六，集中市場上，獲利如此突出，並具有成長性的公
　　　司，都賦予比平均本益比30更高的價值，也許40，
　　　也許50……。

　　傻子聽了覺得很有道理，但他還是有疑慮，他問，「在我
自行接收經營下，我如何保有你所說的上述競爭力與品質呢？」
你說，「沒問題，因為原來經營團隊不變，我們夫妻二人由你
僱用，每月每人支領40,000元薪資。」

　　疑慮解除，傻子滿口答應，反正他很有錢，當場支付940
萬元支票與你。收到支票，你自己也搞不清楚，「為什麼本益
比可以計算出如此好價錢？900萬元的資本利得，2,250％的資
本報酬率，也就是22.5倍，多麼好的報酬，光靠營運利得，我
要賺多久呀！」

　　剛開始你與先生還很高興新的工作方式，認真幫傻子老闆
工作，一年以後，你們覺得這個老闆實在太差勁了，總是對你
們大呼小叫，頤指氣使，再也無法忍受，於是夫妻二人決定離
職，不再為他效勞。並且決定在他隔壁再開一家店與其競爭，
店名為「正宗蚵仔科技麵線股份有限公司」。這下傻子有好戲看
了，失去賴以維生的經營團隊，又面對競爭，不久「蚵仔科技
麵線股份有限公司」就宣告結束營業，變賣資產後，總計虧損
873萬元，虧損率達92.9％，計算如下：

成本：	（9,400,000）
當年獲利：	470,000
變賣資產取回：	200,000
虧損：	（8,730,000）
虧損率：	92.9％

二、公眾認同的公式，其實一點都不合理

　　你會不會覺得很令人納悶，如此高獲利的生意，怎麼可以賠錢賠得如此慘烈，在股市裡賠錢，你會怪政府，怪中共，在這個例子中，你無人可怪時，你才會去思考，到底出了什麼問題呢？傻子其實並不傻，他也開始思考這個問題？後來傻子變聰明了，他體認到「其實我只是使用了分析師建議並且大家認同的計算公式來推算股價，進行股份買賣，並沒有去深究公式的合理性；而真正問題所在，其實就是專家推薦、公眾認同的公式，其實一點都不合理。」

　　一般人都是如此，所以在股市裡賠了錢，就怪這個人，怪那個人，分析師也很幫忙，協助你去把那個罪魁禍首找出來，讓大家可以一起大罵洩恨，整個社會都在模糊焦點；你為什麼不冷靜思考，罵了之後又如何，還不是一樣變窮了，下次相同的事再發生，你又是受害者；人們往往想要藉由群眾的力量約

束政府言行要得宜，以維護股市，你以爲要求別人比要求自己容易嗎？如此週而復始，從來也不會記取教訓，只是放任錯誤一而再，再而三的重演。

三、資本利得是不合理獲利模式——潛藏危機

在這個故事當中，一年的時間，900萬的資本利得，2,250％的資本報酬率，代表的是不合理的暴利。你可能會反駁說，暴利不是很好嗎？幹嘛管它合不合理！它的不合理在於，有人賺了這個暴利，就有另一個相對的人，在這個交易上慘賠相同的金額，這個例子裡，你賺了900萬資本利得，傻子在同時也慘賠了900萬，這是所謂不合理暴利殘酷的地方，殘酷在它潛藏了害你鉅幅虧損的危機，因兩者是同時存在的，暴利與鉅幅虧損的機率是各佔一半，你很難防止自己成爲鉅幅虧損的一方。

資本利得與營運利得不同之處在於，資本利得係屬虛構，或者你可以稱之爲泡沫，它之所以不合理是因爲它根本就不存在，是被吹噓出來的；相反的，營運利得則是屬於合理的利潤，因爲它是實際存在的，所以以營運利得來計算交易價格可以讓交易的雙方處於雙贏的局面。試想，如果當初買賣，不採用本益比的計算方式，而是著眼於營運利得的獲利，傻子也許付出一到兩年的溢價年限，就可望在第三年後，開始享受獲

利，而站在賣方的你，也因爲開創了這個賺錢的事業，而賺了一筆，雖非暴利，也相當可觀，不是雙贏嗎？

　　讀者可能還會進一步反駁說，自己不可能成爲那個傻子，沒錯，在這個故事中，我們可以很輕鬆的分辨出自己絕對不會成爲那個傻子，但當相同的邏輯應用到股票市場上去時，複雜的包裝掩護下，你不知不覺地就變成了那個一半機率的承受鉅幅虧損的投資人。

四、建立預防股災的觀念

　　與其在股市賠錢時，怪政府，怪外資，倒不如反求諸己，學學如何預防股災？921大地震後，大家開始警覺預防震災的重要性，專家也不斷在電視上教導社會大衆，地震來臨時的應有的反應措施，也呼籲政府與民衆平時要注意建築安全結構，很多相關防震的研究探討不斷被報導來教育大衆。可是爲什麼股災過後，沒有人出來告知防股災常識，所謂股市專家談論的都是如何反敗爲勝，其實看透了是在製造另一波的股災，因爲反敗爲勝的永遠是少數20％的人，而大部分的人其實是再度翻筋斗。

　　傻子在這個例子中，很明白的領悟到是本益比的槓桿出了問題，害他在這麼好賺錢的事業上賠大錢，下次他再也不會接受用本益比計算出來的價值進行商業股份的買賣。那現在還在

股市中載浮載沉的你呢？你領悟到了嗎？你是不是還在怪政府？怪外資？怪投信？怪自營商？怪東怪西？怪他們亂賣股票，打擊市場脆弱的信心？你有沒有想過，如果股票真的有目前交易所看板上的價值，大家何必一有風吹草動就害怕得亂賣股票，你有沒有看過定存利率下降時，大家瘋狂賤價解約，寧願拿回不足本金的定存？因為其有實質價值存在，所以經得起考驗。

　　希望讀者在閱讀完這本書之後可以建立防股災的觀念，只要你使用正確的推演股價公式，及投資心態，股災就不會波及到你身上，甚至你還可以享有投資獲利的報酬。

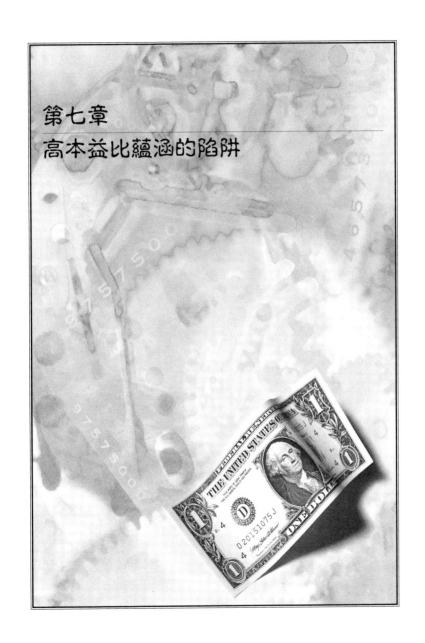

第七章
高本益比蘊涵的陷阱

一、經營團隊的價值應該受到質疑

　　我們常常聽到「人力資產」這個名詞，企業家用其重視人力資產這個口號來提升企業的市場價值，一些營運獲利良好的電子公司，宣稱其經營團隊是無可替代、具有國際競爭力的難得組合，藉此告訴投資人，大家應該賦予該公司比實際獲利更高的股價水準，於是乎，所謂適用高本益比公式的公司就此誕生，得到名正言順的漲升理由，投資人相信在獲利之外付出的溢價部分，買到的是無可取代的經營團隊與其智慧財產。殊不知，人力資產只在之於個人時，價值是不變的恆產，但之於公司時，其實是最不可靠的，甚至潛藏破壞力的危機，原因是人有腳，會跑掉。就像以上「蚵仔科技麵線股份有限公司」主要經營團隊跑掉一樣，在現實上市公司運作上，員工離職，甚至整個部門經營團隊帶槍投靠競爭者，都是常常發生的現象。

　　十年前，上市公司股價要飆漲，必須有土地資產的題材作為後盾，現在房地產不景氣，土地題材發揮不了作用，改為人力資產、智慧財產，來提高公司獲利能力以外的價值，或者可以說是提高非帳面上的淨值，你認為這樣合理嗎？我覺得人力資產比土地資產更不可信任，原因無它，土地不會跑，至少在法律約束範圍內不可能平白無故消失在公司帳面上，然而人力資產的消失卻是受到法律保護，員工要離開自行創業，從事與

原公司相同產業，成為競爭者，公司拿他一點辦法也沒有。

放眼看看目前浮在檯面上的上市上櫃公司中，比較後進的明星公司，你會發現有很多家知名公司的主要經營團隊就是從舊有的明星公司中，整批移植。華碩來自宏碁，……

二、高獲利時的高本益比理論正是引誘散戶套牢的元兇

最近這幾年的多頭行情，投顧族群的分析師流行鼓吹投資人追求「三高股」族群的股票，即高獲利、高股價、高本益比，為何高本益比，理由是「高本益比代表公司獲利良好，前景看好，投資人有信心，所以本益比會持續衝高」。表面上聽來很有道理，仔細分析，其實這樣的理論是落入一個非常態的陷阱中，若以歷史經驗法則來看，我們很難找到一家公司可以連續五年維持在高獲利狀態（EPS：5-10元），更別提連續五年維持超高獲利（EPS：10元以上）。

我們都知道鴻海是一流公司，就是因為它是很難得的那一種可以連續五年維持高獲利的公司，所以市場上願意賦予它比其他公司更高的本益比，因為在市場激烈競爭的生態下，能長期維持穩定高獲利本身就是一種非常難得的優點，但鴻海可還不是超高獲利的公司，說到超高獲利穩定的公司，目前台灣集中市場僅有華碩出現過連續五年維持10元以上超高獲利，然而如果仔細審視，你會發現其每年獲利幅度波動實在過大，它的

獲利能力如同股票市場上的股價線型圖一般,在作頭之後,持續往下修正,成了它必然的宿命。其實這就是所有處於超高獲利公司未來的必然宿命。「高處不勝寒!」這句話不管是用在股價,或用在公司的每股獲利能力上,都是非常貼切的形容詞,一家公司要長期處於天價,或長期處於高獲利狀態都是非常困難的事。

下列表列中(**表7-1**、**圖7-1**),我精挑細選找出一般市場上認同具有獲利穩定代表性的模範生,從其歷年的稅後獲利比較,我們很清楚的看到,即使是最獲利穩定的公司,都難避免每年獲利數字的波動,尤其是在高獲利之後,隨之而來的結果,自然就是每下愈況。如果你看清楚華碩歷年的獲利狀況,

表7-1　高獲利上市公司十年每股盈餘

	國壽	台積電	鴻海	宏碁	力捷	華碩	禾伸堂
79	6.53	-0.38	2.06	0.16	-1.73		
80	4.68	1.11	2.51	-1.34	1.26	14.54	
81	4.27	2.09	2.08	0.12	11.18	13.81	
82	5.18	6.98	2.24	2.31	8.05	7.16	
83	4.48	10.86	4.81	6.61	4.47	16.79	1.86
84	4.04	10.48	5.31	5.86	3.64	32.51	5.64
85	3.43	7.31	5.17	2.09	3.74	31.73	5.14
86	5.29	4.4	7.08	1.92	2.71	21.79	1.95
87	3.58	2.54	7.49	0.96	-3.35	14.23	2.09
88	3.09	3.2	7.71	2.35	-5.21	12.46	5.72
89	-	5.7	-			9	19

資料來源:鉅亨網。

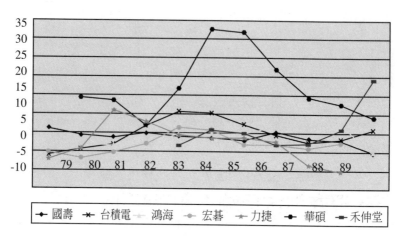

圖7-1　79-89年高獲利個股每股盈餘波動表

你就會體認到，高獲利時的高本益比是沒有道理，事實上高獲利時應該要給予低本益比，因為接下來，公司就要面對獲利衰退的問題了。

　　然而在分析師的鼓吹之下，現今的股票市場股價走勢出現了一個特性，就是「高獲利高本益比，低獲利低本益比」。股價走勢原本就是集結眾人認同的價值，既然分析師是如此教育投資人，股價很自然就會朝大眾認同信仰的方向反應。然而理性來看待這樣的走勢，其實是完全與實質價值背道而馳。我倒是認為股票的實質價值應該是「高獲利低本益比，低獲利高本益比」，原因是當你處於高獲利年度時，其實你未來所面臨的調降獲利壓力會比平時低獲利時高出很多，所以應該賦予你較低的本益比來因應未來可能的獲利衰退問題；相反的，當你處於低

獲利年度時，你明年或未來要面對調高獲利的機率就會比平時高出許多，所以應該給予較高的本益比來補足未來可能調高的獲利，無怪乎股價會出現重力加速度的暴跌。

　　分析師的「高獲利高本益比，低獲利低本益比」理論，正好是引誘投資人被套牢的元兇，讓你追在最高點後，立刻要面臨次年調降獲利外加調降本益比的雙重壓力。

三、買在泡沫頂端，難以超生

　　股票市場操作策略第一守則買低賣高，切忌買在泡沫頂端，永難解套。古人對此就有領悟，《史記》〈貨殖列傳〉裡提到「……貴上極則反賤，賤下極則反貴。貴出如糞土，賤取如珠玉。……」現今已成股市名言，「賤取如珠玉，貴買如糞土」這樣的道理幾乎是所有股民都了解而且可以侃侃而談的道理，然而理論與現實之間往往存在著很大的差距，道理人人會講，實際操作起來，大部分的人卻也是頻頻犯下大忌，在股價的泡沫高點時爭相瘋狂搶進，試想如果不是龐大的資金堆砌出來，泡沫高點從何而來，我們翻開歷史紀錄來檢視，哪一次的高點不是伴隨著巨大的天量。

　　為什麼實際的股市操作上，投資人總是不知不覺的選擇錦上添花，而不願雪中送炭？我想在現實的股票市場操作上，到處充滿了誘惑投資人套在泡沫頂端的陷阱，是讓投資人拿捏不

住心中那把尺的重要原因。高獲利高本益比的理論就是當代最具有陷阱的一種操作模式，由於分析師的大力鼓吹，外加公司派的加油添醋，這樣的理論很容易就得到市場上大部分投資資金的認同。本段落我想針對其陷阱所在提出假設性的例證抽絲剝繭來加以驗證，證實這樣的說法是違反實際狀況，容易害投資人被套牢在泡沫頂端，藉由以下的例證，希望可以提醒投資人勿再誤入陷阱中。

　　台灣股市高獲利族群中，表現最優異，也最具代表性的公司，一般公認是非華碩莫屬，我們就舉華碩這個具典型的代表為例。如果我們以華碩每年實際的每股盈餘來套乘上分析師「高獲利高本益比，低獲利低本益比」的理論下所賦予的本益比，那麼我們會得到類似如**表7-2**的本益比倍數。

表7-2　「高獲利高本益比」理論下的華碩本益比倍數

年度	每股盈餘	假設本益比	股價
80年	14.54	20	291
81年	13.81	30	414
82年	7.16	10	72
83年	16.79	20	336
84年	32.51	30	975
85年	31.73	30	952
86年	21.79	25	545
87年	14.23	20	285
88年	12.46	15	187
89年	9	11	99

　　依據表7-2的資料，畫出如**圖7-2**的模擬線型，其樣式確實與實際發生的線型走勢頗為接近。

　　在這樣的模擬圖示下我們看到的是，85年的高獲利31元的每股盈餘在高本益比理論哄抬下得到30倍本益比而創下了高價952元，之後隨著每股獲利能力的年年下降，股價也跟著節節敗退，時至89年的9元的每股盈餘換來的是99元的股價，本益比僅有11倍。模擬圖示的目的是讓讀者清楚看到高獲利高本益比理論所導致的結果，就是讓你買在泡沫的頂端，從952元到99元的落差，約僅剩十分之一的價值，風險是不是太高了。

　　這個模擬圖若拿來跟下面實際發生的股價表現相比較時可以發現，在85年以後股價線型趨勢兩者表現相當接近（因為華

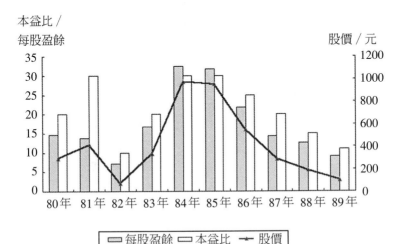

圖7-2　高獲利高本益比理論下的華碩股價年線

碩在85年才掛牌上市）（**圖7-3**），接近的原因證實了現今的台
灣股市其股價表現確實有高獲利高本益比、低獲利低本益比的
傾向，儘管我們在事後的印證下，發現這個理論具有異常高的
風險性，實在沒有採用的道理，我們的分析師依然信誓旦旦地
強力推薦，投資大眾也就這樣欣然接受，暴露在高風險下而不
自覺。

　　雖然「高獲利高本益比，低獲利低本益比」的理論推測出
來的股價，經常都會來到，但有一個重點需要提醒投資人注意
的，就是以長線角度來看，高點雖然會來，但股價維持在高點
的時刻卻是曇花一現，稍縱即逝，投資人常常是來不及反應，

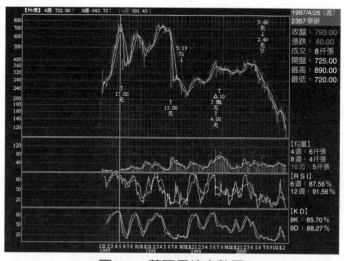

圖7-3　華碩月線走勢圖

資料來源：財訊網站。

股價就作頭反轉。高價之所以會來到的原因，就是大眾接受了高本益比這樣荒唐的理論，而大跌的原因則是因為這樣的理論不合理，與實質價值悖離。歷史經驗告訴我們，天價創下後的下場就是無止境的盤跌。國壽跌了十年，華碩、力捷跌了四年，還有最近的禾申堂、天揚等被動元件族群，小心亞洲光學……。買在泡沫頂端的投資人，是很難有超生之日，千萬要小心多頭的陷阱，多頭時的氣氛很容易讓市場投資人迷失方向。

四、數據證實低價超值潛力股才是NO.1 的獲利模式

　　一個美國著名專業財經網站ValuEngine對市場上幾種投資策略模式作了比較性的實驗研究（圖7-4），其結果顯現投資超值引擎低價股的模式，是平均年報酬率最高的模式，正好與高獲利高本益比的投資模式完全相反，低價股通常是處於公司的低獲利期，低本益比的狀態下，在極度惡劣的背景下，震盪下來的低價位，這是所有分析師、市場投資人避之唯恐不及的股票，然而實驗卻證實，尋找處於這樣的低價位股票進行投資，勝算機率要遠比追高高獲利、高本益比、高股價的三高股，來得高出許多。

平均年報酬率

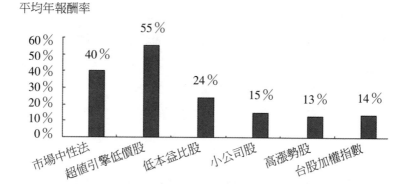

圖7-4　各種投資方法在台灣歷年之整體表現（民國80-86年）

資料來源：ValuEngine 網站。

五、不合理暴利，扭曲社會價值觀

　　一封台積電離職工程師寫的信透露台灣金融市場非理性資源分配的隱憂：

　　網路上流傳著這樣一封信，是一篇在晶圓廠做了三年的台大電機系（至少碩士畢業了吧！）的工程師所寫的。原文刊登在交大資工graduate版，原文很長，如果你有機會，應該去拜讀一下，在此我僅擷取其重點結論，其實就是：(1)晶圓代工是工廠黑手工作，並非高科技；(2)高配股加高股價吸引台灣社會最優秀的博士碩士加入黑手行列；(3)抹殺青年才智、阻斷社會

創新動力，未來台灣科技發展，前途堪慮。

　　本人曾從事於創投業，一般創投界大概都認同未來明星產業的趨勢是生化科技以及光電業，姑且不論生化科技這一產業，台灣因為長期教育方向的忽略，導致人才缺乏，已經很難切入，就以光電業這樣的電子產業而言，跟台灣目前專長的電子業息息相關，切入較容易的情況下，你會聽到目前光電產業的業主如此慨嘆，適任人才難尋，技術發展遇到瓶頸。他們很無奈地說，現在台灣的優秀人才，幾乎都被晶圓代工吸走，年輕人看到的是每年高股價、高配股的獎金，寧願去晶圓廠無塵室裡埋首於每天一成不變的黑手工作，看不到光電這個未來的明星，一個假以時日付出辛勞的雕琢後，可以盡情展現理想的亮麗舞台。

　　成為一名作家，是我從小的夢想，從很小就發現自己喜歡幻想，把一個故事編得很長，覺得自己編的劇情比電視劇及電影要來得精采，喜歡去改編所看過的戲劇，比較喜歡自己的結局。但我從來沒有想過，會寫一篇這樣論及財經的書籍，不會覺得自己有這樣的能力。然而在歷經幾年社會的磨練與體驗，領悟終於引導我做出這樣的事。我想說的是，人類的潛能，是要在歷經種種事件的磨練與體驗後，才會爆發出來。也許這一群在晶圓代工工廠裡從事黑手工作的年輕人中，就有一位或也許不只一位，有潛力在未來成為另一個張忠謀，開啟一項新事業，成為台灣生存命脈，然而黑手的工作，將他完全埋沒了。你也許會質疑，這樣的人才不會把自己埋沒在黑手的工作裡。

但是你如果知道台積電一名小小的主任工程師一年股票可以領上30張，乘以150元股價，等於450萬元的獎金，你還會懷疑當年的張忠謀不會做這種傻事嗎？

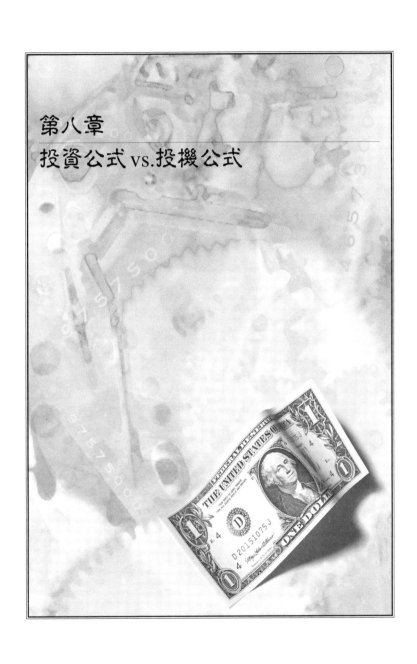

第八章
投資公式 vs.投機公式

一、投資市場vs.投機市場（賭場）

　　股票市場原本是被規劃設計成一個企業家可以募得營運資金，社會大眾可以進行投資的資本市場。它的原始立意是一個很文明、很聰明的發明設計，如果依照其理想與宗旨來發展，它將可鼓勵創造發明，促進社會進步繁榮。其存在的價值，一方面使有技術、有市場與管理能力的企業可以得到資金資助來發展事業，可創造就業機會，活絡經濟，促進社會繁榮，厚植國力；另一方面，投資人也可藉由這個管道，參與社會國家的經濟發展，並共同享受豐收的果實，是一個企業家跟資本家可互謀其利的機制。

　　在這樣原始設計的理想上行走，只要經濟是持續往上走，所有長期投資的投資人都應該會賺錢。以台灣過去十年來的每年維持6％以上的經濟高度成長率，上市公司獲利能力更是高於國家整體經濟成長率，理論上，我們所有，或者說絕大部分參與台灣股市投資活動的長期投資人，都應該是享受豐碩成果的，處於獲利的情況。（**圖8-1**）

　　我們也都被教育說，股市是經濟的櫥窗，理應是反映經濟狀況的先行指標，在經濟持續累積往上成長情況下，整體股市應該相同的一年比一年往上成長。可是曾幾何時，股市、經濟，雙向背道而馳。環顧四周，我們自己，還有親朋好友們，

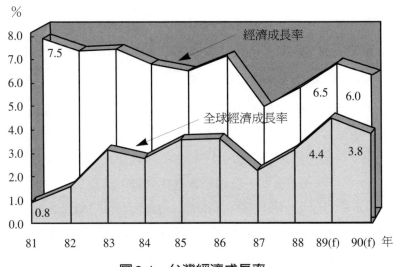

圖8-1　台灣經濟成長率

資料來源：行政院主計處。

有幾個人是在台灣經濟持續成長的狀況下，長期投資股市而仍處於獲利狀態？

　　如果你是一個信仰長期投資的股市投資人，在這樣的良好的經濟環境背景下，你卻沒有獲利，那麼你必須要懷疑，你所參與的並不是一個投資市場，而是一個投機市場，一個賭場。

　　你最好趕快覺悟這是一個賭場的事實，如果你錯把賭場當成是投資市場，錯把投機公式當成投資公式，每一次股災來臨時，你都會來不及閃躲。

二、本益比是投機公式

本益比其實說穿了，就是一個投機公式，一個贏家（原始大股東）用來欺騙輸家（散戶）的賭博性工具，因為它有以上種種與實際獲利大相逕庭的不合理性，可是又廣為投資大眾接受，說它是賭博性投機公式一點也不為過。既然是投機公式，投資人在使用時就最好先確認一下自己的功力，你是否有足夠的功力贏錢，去贏莊家的錢？你算得準莊家動了多少手腳，做了多少佈局，準備贏你的錢嗎？除非你有著道高一尺、魔高一丈的功力。否則的話，你就是明知山有虎，偏向虎山行。

既然已知為投機賭博公式，而你又賭性堅強，堅持必須要參與，那麼以下幾個致勝的重點提醒投資人要注意：

1. 常看產業及各股新聞，隨時保持警戒狀態。
2. 動作要快，遇有風吹草動，不可戀棧。
3. 反向思考，公司派的發言、分析師的報告，要質疑其幕後動機，不可相信表面的結論。
4. 永遠保持與市場對作，當大多數人喊多時，記得作空，當多數人看空時，記得翻多。因事實證明真理永遠站在少數人這一邊。

我想即使是在賭場裡的人，心態上仍然是抱著必贏的決心

吧！至少是心存僥倖吧！沒有人是要把白花花的銀子平白無故拿去送人吧！如果你不想把銀子送人，你就要切記以上的原則，如果你連這些基本原則都做不到，我可以肯定並告訴你，你在股市永遠僅能扮演犧牲奉獻者的角色。

三、採用投資公式進行股票投資

　　如果你對自己掌握本益比這個投機公式的功力沒有信心，建議你還是乖乖採用本書提供的加減法（49頁）及溢價回收年限（31頁）這個投資公式來尋找投資標的物，計算合理的投資價位，既然稱為投資公式，自然是有其正當合理性，因其計算方式是根植於企業的實質獲利，也就是營運利得，風險性也就相對縮小，勝算機率會比較大。

　　那麼你可能會說，用這樣的投資公式來找尋股票投資標的物，那我根本就不必投資了，因為這樣計算起來，檯面上值得投資的股票都是沒有人要的雞蛋水餃股，而會漲的電子股根本都沒有在合理投資價位下呀？這不是擺明了叫大家都不要買股票嗎？這就對了，這就是本書要告訴投資人的重點，培養平時預防股災的觀念，沒有合理價位的投資標的物時，你應該就要拒絕投資，不管它怎麼飆漲，都不要去理會它。因為只要你理了它，你就賠慘了。你不覺得嗎？你每次去追買飆股的經驗，最後都是住套房的命運。

　　其實也未必如大家想像完全無投資標的物可選擇，在最近這一波史無前例的台股大修正之後，有非常多個股的投資價位浮現，甚至隱藏了非常確定而穩健的暴利，只是在這個非理性的市場，投資人永遠只看到短期的消息，對資本利得的影響，而忽略了中長期公司營運時可能的營運利得。

　　我現在看到台灣股市有一些股票價位在2元到5元之間，其89年營運出現小幅虧損，可是翻開過去歷年的財務紀錄是平均每年都有2元到1元的獲利。想想如果它們在明、後年有任何一年出現獲利，甚至也許是2元獲利，那麼你現在投資它，屆時由於盈餘的配發，你的本錢就立刻可回收，甚至因為公司開始獲利，股價也許回歸至10元面額以上，甚至更多，那麼你現在進行長期投資，到時不只會獲得營運利得，還會有不可預期的可觀資本利得。可惜的是，這樣的股票，分析師通常不敢建議你投資，因為整個市場瀰漫短線獲利心態，分析師害怕你買了以後，短線看不到獲利，甚至出現繼續破底時，你會責怪他。在這個機會上，大家都忽略了我們經常看到的事，就是像這樣超跌的股票，當其反轉上漲時，其速度之快，漲幅之大，是當紅電子股所望塵莫及的。反觀分析師經常建議你買的當紅電子股，通常都是讓你買了之後，立刻感受到獲利的快感，讓你對分析師的功力大加佩服，可是沒有多久，股價就到了頂點，反轉直線往下墜，甚至雲深不知處，完全來不及反應。

　　我認為現在這個時點是一個絕佳的機會來鼓勵投資大眾改變以往錯誤的股價評價及投資判斷方式與觀念。原因有二：

1.此時你明確的感受到，你過去的投資模式，害你財富大幅縮水，你已經開始反省思考。
2.檯面上充斥著許多使用加減法計算模式可以找到的具有長期投資價位的個股，那是在過去十年裡難得遇到的機會。

　　這樣的分析和建議是為了保護大部分的投資散戶不要再重蹈覆轍，希望不要再有下一次的股災，對我們的生活與國家經濟造成傷害，看到現在台灣經濟的危機，失業率的攀升，人民痛苦指數的增加，讓身在其中的一份子，也深切感受到這個幾乎令人窒息的氣氛，覺得有義務出來呼籲大家，是該從本益比的迷思中清醒過來的時候了，如果大家現在開始使用：

1.加減法的推算方式，將分析師對該公司未來營運的預測納入計算，所推算出的預測股價價值，來進行投資選股。
2.溢價回收年限，去衡量現在股票股價所處的風險。

　　可以想見，你的未來在股市上可能的受傷程度會降低，而可能的投資獲利機會反而會提升。如果大家普遍接受這樣的公式，也都可以確實做到的話，從今以後，我們也不會再看到股災蔓延、一片哀鴻的景象。

四、配發股票股利的情況下，可採用加計複利的計算方式

　　以上所解說的投資公式──溢價回收年限，在當所有股利以現金模式配發的情況下使用絕對合理。然而因台灣上市上櫃股票經常有配發股票股利的習慣（在別的國家中很少看到），所以更強化了主力及大股東使用本益比槓桿來出脫股票的藉口，因為配發股票股利的情況下，在財務報表上原本10元的現金價值，可因為藉由配股的方式，將其價值提升至當時的市價，以台灣的股票面額一律是一股10元的情況，配發現金股利時股東僅能拿到10元現金，但一旦配發股票股利，卻可賣在市場價值，一般當然是高於10元的好幾倍。所以在技術操作上來說是具有套利的空間可圖；而就學理而言，一般分析師會解讀為，公司有能力把賺來的錢，再拿來投資錢滾錢，繼續擁有跟原本的成本相同的獲利能力，也就是說，當公司把10元配發現金給你時，價值就是10元而已，但當它配發1股股票給你時，這一股就擁有跟原來股票一樣的、具有未來的獲利權益。舉台積電的例子來說明，就是這配發的1股股票股利具有每年5.5元的獲利能力，或者說是其擁有15.74元的資產及每年34.9％的資產報酬率。無怪乎過去幾年來，台灣股票市場投資人，總是喜歡股票股利更甚於現金股利，完全無視於股本持續膨脹後，對公司每股獲利能力的侵蝕與衝擊。

　　繼續前面第四章「實例演算，驗證本益比的合理性」中台積電的例子，所以我們就針對其配發股票股利的情況來作實際回收年限的推算如下（但需假設股本膨脹後獲利能力不變，及盈餘配股採維持每股淨值15.74元不變的原則）：

　　計算7，加計複利溢價回收年限：7

$$15.74 \times (1 + 34.9\%)^7 = 127.96$$

$$15.74 \times (1 + 34.9\%)^8 = 172.62$$

　　127.96＜134.26（見計算2，溢價＝134.26）＜172.62

　　→7＜n＜8　∴n≒7

　　（公式：每股淨值×（1＋公司資產報酬率）^{n年}＝溢價）

　　計算8，加計複利個人年投資資本回收年限：7.5

$$15.74 \times (1 + 34.9\%)^7 = 127.96$$

$$15.74 \times (1 + 34.9\%)^8 = 172.62$$

　　127.96＜150（投資股價）＜172.62

　　→7＜n＜8　∴n≒7.5

　　（公式：每股淨值×（1＋公司資產報酬率）^{n年}＝股價）

　　計算7的結果是告訴我們，假設台積電未來面對股本膨脹時仍舊能維持每年5.5元的每股盈餘不變，而且每年都將5.5元全數配發股票股利，當我們今年以150元價位買進台積電時，

以今年我們所付出的溢價134.26元來說，需要7年的時間，才可以將溢價回收，然後真正開始享受所買到的15.74元淨值的台積電股票，及其每年34.9％的淨值報酬率，也就是資產報酬率。而計算8則是在相同條件下，在7.5年以後可以全數回收150元的原始投資金額，之後獲得的15.74元淨值股票及其34.9％的淨值報酬率為額外的獎金獲利。如果投資人在這樣的分析解釋下，依然覺得這是一個值得投資的公司與價位，那麼你就應該可以去進行投資。值不值得投資是由你個人決定，因為風險跟結果都是由你自己承擔，分析師或任何其他第三者都無法為你作決定，但其他協助者例如分析師來說，他們的責任應該是竭盡所能的告訴你所有事情的真相，包括可能存在的風險，這就是我在這裡所要提醒你的重點，你應該堅持看到投資背後的真相，用最接近事實的分析資料或方式去評估投資與否的可行性，不要盲目的相信愚弄你的理論，既然已經知道不合邏輯，或容易導致錯誤的方式，就不要再使用了。

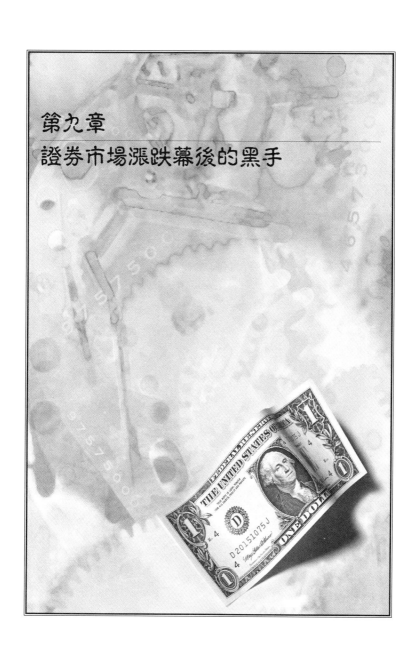

第九章
證券市場漲跌幕後的黑手

一、股票為何會上漲？

　　所謂知己知彼，百戰百勝。既然要進入股市，就應該先行了解證券市場漲跌幕後的原理，如果連這個最基本的道理都不知道，如何能有效掌握有利資訊，成為市場上的贏家呢？本章節我們就從散戶、分析師及大股東心態來抽絲剝繭檢視股價是如何上漲的。

　　如果你是股市新手，你第一件事一定會問「股票為何會上漲？」這個問題的解釋，教科書上的解釋是「公司營運有獲利，前景看好，投資人有信心，股票自然會上漲」。請問你相信嗎？如果你有仔細觀察，你可能會質疑？「為什麼有很多獲利良好的公司，股價卻比其他獲利很爛的公司低很多呀？為什麼有些不太賺錢的公司，股價卻一直在上漲，本益比居高不下？」所以教科書上的解釋似乎不能解答你的疑惑。那麼你該去請教那些關在證券公司 VIP 室裡的股市老手，他的真心回答會是「股票有人炒作就漲啦！」對的，這是句名言，股市投資人千萬要銘記在心，如果連最基礎的漲跌原理都弄錯，你所有的分析判斷都會沒有意義，容易導致虧損。

　　其實在現今的股票市場上，股票如果沒有人為刻意炒作的話，不會出現連續性上漲，就算有再好的利多消息激勵，憑藉散戶的買進力量，最多只能讓個股有個一天半的漲幅，而且散

戶平均力道在漲了一天半後，不但會跌回起漲點，經常都還有繼續破底的危機，真的是不漲還沒事，漲完了之後，結果還更糟。

二、散戶心態

　　很多散戶（尤其是新手）在看到新聞媒體上發佈甲公司強力利多時，會有衝動進場買進甲公司股票，突如其來的多筆買單，很容易就將當天甲股票的價位推至漲停板，如果當天收盤該股呈現漲停時，可以想見有很多散戶高掛買單，卻沒有買到股票，那麼這些沒有買到股票的人，有絕大部分的人會在第二天開盤前，繼續掛單買進，所以有很大的機率第二天甲股股價又會開高，至於開高後是否持續向上挺進，那就端看是否有主力在裡面操控，如果沒有，那麼第二天甲股股價開高後就會下挫，原因是對此利多有反應的散戶都已經進場，買力不繼，而原本持有股票的人，或者是事先就得到內線消息提前進場佈局的人，在看到股價突然拉高時，基於有獲利的情況下，容易有賣出動作，於是乎獲利回吐的賣壓就出現衝擊股價，而開始下墜，此時如果沒有持續性利多消息發佈來支撐，股價可能會回到起漲點甚至再破底，這就是我上一節所說的，憑藉散戶的力道，頂多只有一天半的漲幅的道理。

三、股價的自然特性

　　散戶的心態反映在股價上使其股價產生自然特性 —— 只有兩個方向，非漲即跌；漲時散戶會追，跌時會殺。很簡單，大家都知道。可是還有股價有第三種現象，也是常常會發生，那就是橫盤走勢。不把它歸類為散戶影響的走勢，箇中奧秘，以下分析可作為投資人參考及思考的方向。

（一）漲勢vs.主力拉抬

　　上面已談過，以散戶的力道，對消息的反應力是短暫的，頂多一至二天；大部分的散戶都是短線心態，容易看報章消息買股票；如果股價在沒有利多發佈的因素下，出現連續性的上漲，尤其是大漲，這絕對是主力的傑作，並非散戶的反應。想想看，檯面上這麼多的上市上櫃股票，如果最近沒有人在公開媒體上點名提及讚揚它，如何叫散戶蜂擁而上去哄抬它的股價。

（二）跌勢vs.主力棄守

　　如果股市大環境不是很好，股票又全部落在散戶手上，完

全沒有主力在裡面操作，一般來說，股價會呈現慢性盤跌。就算是有突襲利空打擊，頂多讓其出現一至二天的暴跌，接下來就是呈現盤跌走勢，一般認為散戶的反應力道是不該出現連續性暴跌，原因有二：(1)散戶沒有膽量去追殺股票，因為是自己的錢，會猶豫，會錯過時機；(2)散戶一般交易量小，即使有賣出動作，也不至於對盤面造成太大的影響，連續性的暴跌是需要有瞬間大單的賣出，散戶怎麼會有大單可賣呢？

（三）橫盤vs.主力介入

　　但是如果個股出現連續幾天或是幾個月橫盤時，又是怎麼一回事呢？實際的股票市場上，我們常常看到這樣走勢的股票。其實除了偶爾的巧合外，大部分時候的橫盤都是有特定主力的介入。以散戶如此複雜的組合，又沒有利潤可圖的情況，怎麼可能去維持一個處於橫盤的股價呢？

　　那麼主力介入的目的何在？當然是要賺錢呀！主力會在底部區先行默默吃貨，吃飽了，鎖定了大部分低價的籌碼後，再開始把股價拉上去，一般要拉抬個1倍至2倍的空間，才能開始出貨，拉抬空間如果不夠大時，出貨會不順利，萬一股價跌破成本區，主力倒賠的可能性很大。

　　要作主力，除了銀兩要夠外，如果你沒有跟大股東協議好，你的出貨也會不順，想看看，你一邊拉抬，大股東一邊倒貨，最後再發佈一個大利空，把股價徹底摧毀，散戶沒有人敢

接手，主力滿手股票無處可倒，所有努力功虧一簣，主力在這種情況下被套牢的故事也是時有所聞。

圖9-1是很典型的橫盤走勢——主力介入吃貨再拉抬的線型例子。

有些市場分析師會刻意教投資人去尋找這樣橫盤走勢的股票，切入在橫盤整理的時點，等待主力拉抬，搭其順風車，以技術操作而言，勝算機率其實是蠻高的，下次投資人可以去嘗試看看，但千萬記得要提前下車，不要眷戀，因為當它股價反轉時，經常都是跌回起漲點，甚至破底。所有在這樣操作手法下會賠錢的人都是因為想要賣在最高點，如果你可以體認最高點不是你可以掌握的事實，在任何漲幅已大的時點出脫股票，

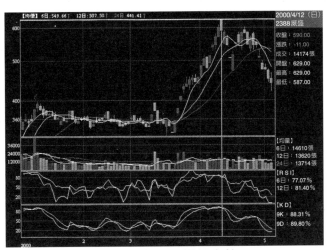

圖9-1 典型的橫盤走勢

資料來源：財訊網站。

你都可以是市場的贏家。以橫盤線型的操作模式來說，有兩個賣出股票的操作時點提出來給大家做參考，這是某位股市贏家提供給我的心得分享，應該可以給大家一點助益：

1.股票已經出現拉抬後的反轉下跌時，當其跌破高點與買進價位的三分之一時，投資人可以執行賣出動作。
2.股票已經出現拉抬後，第一次遇到大幅下挫時，立刻執行賣出動作。

第一種手法可以防止投資人不知所措，股價已經反轉了，還以為是漲多拉回，等待續攻，終於由大幅獲利演變成鉅幅虧損。第二種手法如果操作得宜，有很大的機率是可以讓投資人將股票賣在相對的高點。下次你不妨去多加觀察或嘗試看看。

四、主力大股東聯手，運用群眾心理操縱股價

當主力決定要炒作拉抬某一支股票之前，一般都會先確認以下兩個重要先決條件：

1.確定大股東不會沿途倒貨。
2.確定公司未來有利多發佈的配合，方便主力於股價高點時具有可出貨的條件。

所以一般來說，主力會是很了解公司的人，會先與公司大

股東協調好，雙方都要等待股價拉抬至某一特定價位時才可出貨，而且要協議公司配合在股價到達一定高點時，多多在媒體曝光發佈利多消息，營造公司未來良好獲利的氣氛，利誘散戶進場，方便主力大股東一起倒貨。

　　我們常常聽到利多出盡就是這一回事，利多消息見報的當天，該股股價常常是表現開高走低的模式，而且當天成交量又特別大。這下你該明瞭原因了吧！散戶是看到報紙利多消息才進場買股票，主力是佈好局，等你進場好脫手。所以下次當你看到利多消息時，回去翻閱最近那段時間的歷史線型圖，你會發現股價已然先行反應一大段，這時你應該是採取反向思考的模式，融券放空是一個不錯的選擇。

五、利多出盡的實例

　　圖9-2是交銀在民國89年2月9日前後的走勢，一個典型利多出盡的例子。2月9日當天立院通過交銀條例修正案，也就是取消對外資持股的限制，2月10日正式生效，2月16日正式開放外資買賣。這樣的消息在通過之前，有心人士早已嗅到氣氛先行佈局。圖中很明顯看到，在2月9日之前股價拉了一大段，到了2月9日當天早上的消息見報，走勢卻是開高走低，之後盤整到了正式開放外資買賣當天，股價開始盤跌。

　　先來探討開高走低的原因，開高是因為太多散戶看了報紙

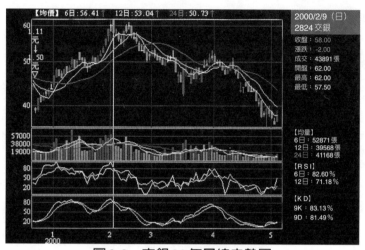

圖9-2　交銀89年日線走勢圖
資料來源：財訊網站。

後，在股市開盤前以市價掛單買進交銀；很多新手散戶還不會
買賣股票，不懂市價掛單買進的意義，深怕買不到股票，其實
市價買進時，營業員的單子就是以漲停價輸入電腦，所以開盤
價時以市價掛單買進，很容易會買到漲停價位，隨後你就會看
到股價迅速滑落，當成交量小時，市價單很容易讓你成為唯一
買到漲停價位的人。以交銀的例子來看，那些先行佈局的有心
人士，就是在等待這樣的利多發佈時點，引君入甕，好把手上
的貨大量倒出來；當他們發現當天買盤不夠積極，無法攻上漲
停時，或者成交量大仍不能漲停時，可能會意識到有人先其一
步在倒股票，於是籌碼終於鬆動，迅速接二連三地流出，終場

以黑盤收市。

　　以先前股價拉了那麼長一段的情形來看，想要把貨出光，當然不是一天可以辦到，當時的利多盤旋狀況也很配合，往後幾個交易日，也陸續出現相關新聞報導，持續吸引投資人的目光，成為那段時間的焦點股，直到16日正式開放外資買賣當天為止，股價終於結束掙扎，開始往下滑落。這是一個很典型的主力先佈局，趁利多倒貨給散戶的例子，所以奉勸各位股市新手，千萬不要看報紙的利多消息買股票，永遠記得要反向思考。

　　以下是兩則在重要關鍵時刻（交銀股價轉捩點）的新聞剪輯：

日期:89/02/09

交銀修正董監事選任條例

　　證交所重大訊息公告

　　交銀——交通銀行條例部分條文業於89.2.2華總一義字第八九○○○二八四七○號總統令修正公布。修正內容如說明。

　　交通銀行條例刪除第二條、第三條、第十條、第十五條及第十六條條文；並修正第九條條文為「本行置董事十五人，組織董事會，董事由股東會就股東中選任之。董事任期三年，得連選連任。本行置常務董事七人，由董事互選之，並由常務董事互選一人為董事長，任期與董事同。」及第十二條條文為「本行置監察人五人，組織監察人會，監察人由股東會就股東中

選任之。監察人任期三年，得連選連任。本行置常駐監察人一人，由監察人互選之，任期與監察人同。」

以上新聞由嘉實資訊提供。

日期:89/02/14
交銀及農銀開放外資買賣待證期會同意

交銀與農銀條例修正案，在上週正式公告生效，但是開放外資買賣兩檔個股，還須證期會同意放行，證交所才能修正電腦程式，接受外資下單買賣。

89年以來，交銀與農銀最大的利多，便是開放外資投資買賣，10日交銀農銀條例修正案正式生效，取消外資不得買賣兩銀行股票的限制條文，限制外資投資的法令已經取消。不過，個股是否得為外資投資標的，仍須證券主管機關，即證期會的核准，在農銀交銀條例修正案生效後，證交所便在11日行文證期會，請示是否可以開放外資投資交銀及農銀。

交銀與農銀主管表示，理論上，條例的位階應該高於公司章程，既然設置條例已經開放外資投資，不應以章程未修正，而不准外資手中的股票過戶。不過，為了配合解決此一問題，交銀與農銀已經作好腹案，萬一公司章程必須配合修正，才能順利開放外資投資，兩銀行不排除召開股東臨時會，配合條例修正公司章程。

以上新聞由嘉實資訊提供。

六、何謂「左手拿聖經，右手拿寶劍」？

很多股市投資人都有一個共同的領悟與疑問，那就是股價在頭部區時，總是充斥著一堆利多消息，激勵著股價持續衝高，而在底部區時就又是滿佈著多不勝數的利空的悲觀言論，讓已經很低的股價又頻頻破底。好像永遠是這樣，錦上添花又落井下石，讓你追在最高點，又殺在最低點，爲什麼？

其實這個現象經常就是所謂大股東「左手拿聖經，右手拿寶劍」的傑作。當股價莫名其妙、悄悄地拉抬至一定價格時，公司就會開始發佈利多，而且是連續性的喔！今天說產品供不應求、明天說出貨創新高、後天又與國際大廠策略聯盟、下星期可能要公佈接獲大訂單；投資人好像在看連續劇，就覺得這家公司實在太好了，剛開始你還猶豫，眼看著股價一路攀爬，分析師大家都在談論，「這是世界級的一流大廠，具有國際競爭力，本益比可以到50……云云。」讓你聽了又懊悔，又不甘心，你終於相信了，這是一家非常好的公司，值得花積蓄去進行長期投資，可是你心想「我看中它的時候是40元，現在已經100元了，越想越不甘心，覺得它應該要休息一下再漲吧！」最後公司終於發佈調高財測，可是股價卻開高走低，連續漲了三個月的股票終於跌了，你好高興，終於看到比昨天更低的股價，忍不住興奮的心情，你也進場買進它，90元，覺得自己買

在好價錢；可是從此股價卻是一蹶不振，先是暴跌，然後盤跌，你每天翻開報紙，想看看有沒有它的好消息，可是再也找不到，你就是不死心，相信這是一家好公司，一定會再漲起來，跌到70元，你又加碼攤平，再跌到40元，你又繼續攤平，終於股價來到30元，翻開報紙，又開始每天都有它的新聞，但現在可都是負面消息，每個分析師都說它爛，「產品市場趨於飽和、利潤遭壓縮、轉投資失利、集團擴張太快，包袱沉重……。」又開始連續劇上演，每天每天提醒你賣股票，最後你受不了疲勞轟炸，精神折磨，夜夜失眠，你發誓再也不要玩股票，終於把手上的爛股票全部出清，賣在15元。但不知為什麼，自從你賣了股票之後，沒有任何利多消息報導，可是股價又開始每天上漲。（圖9-3）

以下是宏電在88年的時空消息背景及股票走勢，讀者思考一下是否有這樣的味道：

產業要聞

1999/06/08

宏碁　IBM策略聯盟敲定

（記者潘正平／台北）市場傳聞許久的宏碁集團與IBM採購合約終於在昨（7）日確定。宏碁董事長施振榮與IBM科技事業群全球副總裁Dave Ernsberger共同宣佈一項長達七年、總採購金額約80億美元的採購及技術策略聯盟協定，此將成為台灣資訊產業最大合作案。

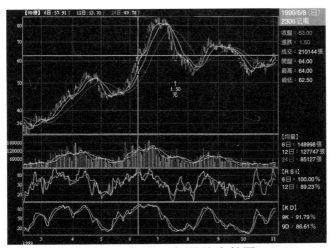

圖9-3　宏電89年日線走勢圖

資料來源：財訊網站。

　　施振榮認為，過去台灣PC相關業者與國際大廠的合作，多以爭取委託代工業務為主，其範圍有限；此次宏碁憑藉本身的品牌、海外通路、技術應用與IC設計能力，建立了與IBM全方位且對等的策略聯盟，如同替台灣廠商爭取到全球資訊業G7的地位，代表台灣業者的實力得到進一步肯定。

　　據宏碁與IBM雙方協定，宏碁將向IBM採購硬碟機、微電子、網路與LCD液晶顯示器等關鍵零組件，以整合於其伺服器、桌上型及筆記型電腦等產品；宏碁也將回銷液晶顯示器面板等零件給IBM。另外，宏碁也將在亞太地區與國內通路，銷售IBM硬碟機等零組件。

　　宏碁表示，此一合約涵蓋整個集團，其中宏電集團從事零組件採購，合作開發與PC委託代工；明碁集團負責將LCD面板回銷IBM；宏碁半導體集團將專注於IC的合作設計開發及未來晶圓代工服務；至於宏科集團與宏碁國際將分別運用台灣與亞太地區的通路，銷售IBM的硬碟機等零組件。

　　在此一採購及技術策略聯盟協定下，宏電集團今後向IBM採購零組件，將享有與全球一級大廠相同條件，在採購成本與品質上獲得明確保障，同時也有利於開發新產品。

　　宏電表示，雙方也可望擴增現有的委託設計代工業務；這項策略聯盟的主要意義，不僅在於金額，而在於其衍生出的合作關係，對該公司在網際網路時代的產品發展方向，具主導的作用。

　　施振榮表示，宏碁是亞洲最大的電腦公司，專長在於商品普及化與核心技術的應用，且多年來在亞洲有市場與通路優勢；而IBM則是美國最大的電腦公司，尖端技術位居全球領先地位。此次合作案即著眼於結合雙方不同的專長，在互利互惠原則下合作。這次的策略聯盟可說是雙方提供各自的專業，提升彼此競爭力的極佳範例。

　　資料來源：電子時報。

　　人們經常是這樣的反應慢半拍，這是犯了股票市場的一大禁忌，下次操作股票時，記得動作要快，如果錯過了機會，就算了，要耐心等待下次好的機會來臨，再眼明手快地把握機

會，千萬不要手癢去追那個已經漲了一大段的股票，散戶很容易在最近大漲一段的股票剛開始出現回檔時進場買股票，這樣的時機其實是很容易買在起跌段的，就像在本章的「散戶心態」中「橫盤 vs. 主力介入」一節末尾所提供給投資人的賣出時點建議中，很明確的告知這是一個賣出時點，因為有很大的機率這是一個反轉訊號——起跌段。

七、你應該要知道自己為什麼會這麼背

你知道為什麼自己總是這麼背嗎？懷疑過別人是不是也會跟自己一樣這麼背嗎？事實上市場上有大部分的投資人都跟你有過相類似的遭遇，原因是你的心態反應跟大部分的散戶都一樣，已經完全被有心人士看透，看透你的人就可以操縱你，不是嗎？他知道你在什麼樣的情況下會買股票，什麼樣的情況下會賣股票，然後他就比你先一步買進，把股價拉高，然後在股價處於高檔區時開始營造引誘你買進股票的情境，吸引你的焦點，等到你進場之後，他就把股票倒給你，等到他把股票出光了，股票可能就落到一群跟你一樣的散戶手裡，然後股價就開始慢性盤跌。慢性盤跌還算是好的狀況，你有警覺的話，還可以來得及祭出停損賣單，比較不幸的是遇到主力惡劣一點，會保留一點數量的股票在手上，連續幾日把股價打落到跌停，股價很快的又回到起漲點，主力很快又可故計重施，再作一個循環，再撈一票。

　　所以，如果你想在股市裡面賺錢，而你的過去又都是虧損的紀錄，表示你是屬於思考方向已被人掌控的一族，想擺脫這樣的困境，以下提議提供各位做參考，從今天起，你必須學習去揣摩主力的想法與心態，你也可以站在旁觀者立場的角度去思考一般散戶的心態，要揣摩主力心態，了解大部分人的反應方向是很重要的前提，但千萬要記住，你所有的進場操作是應該以主力思考的方向為原則，與其同進同出，千萬不要再依賴自己的直覺判斷，因為它通常都是屬於反指標，雖說主力不一定都會賺錢，但你如果有能力偵測到主力佈局的股票，先一步進場卡位，或者至少同步進場，並先行一步下車，搭其主力的順風車，勝算機率是要比作主力要高。

八、技術分析是群眾心理的反應

　　股市表現其實就是群眾心態的反射，而所謂技術分析就是加入統計學計算原理，藉由將過去股市歷史紀錄予以量化統計，計算出大部分群眾反應的方向，用來推論未來股價可能走勢。

　　為什麼技術分析可以如此廣泛地被研究與採用？有很多人性共同的自然性反應，也就是對某一事件的一致性反應的特性，一而再、再而三的在股市裡反覆上演，是主要的原因。大部分的群眾都不會察覺這樣的特性，不知不覺地把自己淪為與

大部分人都一模一樣的反應動作，而其中最大的弱點就是，看
報紙消息買股票，而且看了之後作出相同的動作；然而社會上
就是會存在另一小撮比較精明冷靜的人，會觀察到這樣細微的
特定人性反應，並予以歸納整理，於是乎他們也就利用此人性
反應特性來套利，他們歸納出什麼樣的利多消息可以讓很多散
戶跳進去買股票，什麼樣的壞消息可以讓散戶賣掉股票跳出
場，掌握了這樣的特性，再從其他管道去設計這樣的情境，例
如成為公司大股東，或是和大股東合作，再更進一步就是跟媒
體建立良好關係，方便消息的傳佈。他們總是屢試不爽，經過
這麼多年下來的試驗，人性依然如此反應，設計依然奏效，這
就是人性的弱點。可憐的是社會上大部分人是很單純的，只看
到眼前看到的事，相信眼前聽到的事，不會去深究聽到事件背
後的合理性，不去理解邏輯的背景，所以容易被利用。那些精
明冷靜的有心人士，就會利用這樣的人性弱點，散佈消息，引
誘你走進其預先佈好的陷阱，輕輕鬆鬆，光明正大又合法的賺
你的錢。

九、主力的操作手法

　　作主力，目的不外乎是要賺錢獲利，獲利的規則很簡單：
(1)售價要高於成本；(2)存貨要出清。如果求績效要更好，那就
得更進一步追求：(1)壓低成本，提高售價；(2)零庫存。基於以

上商業獲利的基本原則，發展出典型主力操作手法，其步驟如下：

（一）尋找未來具有利多消息的股票標的物

　　積極尋求與該公司大股東達成一定的默契或協議，內容包括利多消息的掌握、其公佈報章媒體的時點與價位，另外約定共同出貨的時點與價位也很重要，必須確定時間或價位未到前，不會有人偷跑（實際的操作上，大股東偷跑是常有的事），否則，窩裡反時很容易功虧一簣。

（二）壓低股價

　　依低成本進貨原則，主力進場前，當然是選擇在低檔時介入，為了得到這樣低檔的價位與時機，有些時候會營造搭配一些市場謠傳的利空消息，藉此先壓低股價，以利進貨。

（三）底部吃貨

　　當股票價格跌落至主力可以接受的價位時，主力開始介入買進佈局，手法通常採用每日少量的、慢性的，默默吃貨，以避免波動股價，引起市場注意；過去的主力，進貨時間大概要持續個三個月到半年，現今股市高低點循環快速，主力吃貨期

也縮短，少則二個星期，多則一個半月而已。

　　吃貨的目的一方面是主力把大部分的貨買進在低價成本區，賺取日後股價拉抬上來的價差，另一方面在於鎖定籌碼，以利日後拉抬股價時，市場不至於出現太多單量並得以高價倒貨給主力，沒有了這些阻力，這樣子主力拉抬時可以比較輕鬆，動用的資金可以比較少，也可以把股價炒到較高的價位。

　　試想股票如果全數都到了主力的手上，主力是不是就可以為所欲為了，是的，如果主力資金夠雄厚的話，幾乎也就是如此了，叫它漲就漲，叫它跌就跌。我們常常聽到市場上說，某某支股票為主力股，不要跟主力對作，就是這個道理，因為主力有時候不一定往上作價，也有往下作價的時候，為了不同的目的，而去作價，但唯一一點可以肯定的就是，主力股的漲跌經常是跟大盤漲跌無關。

（四）沒有利多的拉抬

　　等主力吃飽庫存後，開始攻擊式拉抬，常見的手法是偷偷拉尾盤，每天持續微幅上揚，此時尚不宜驚動市場，避免打草驚蛇，破壞籌碼安定度，這個時期的特色就是沒有任何利多消息，散戶不太容易察覺。歸納為多頭的初升段，驚驚漲時期，散戶不相信股價會漲，手上無持股，股票都在主力大股東手上，偏偏這一段時期漲得最多，籌碼安定度高，介入最安全。

　　主力股有一個值得注意的特色，就是它們經常會逆勢而

為，大盤漲時，它會跌，大盤跌時，它反而逆勢上漲。原因無它，大盤漲時就是一種利多，吸引散戶進場，主力股趁大盤在跌沒人注意時悄悄拉抬，趁大盤在上漲旺盛的人氣聚集時來出貨，很聰明不是嗎！

（五）利多配合，強力出貨

最後利多消息終於見報，散戶看報紙買股票的特性完全應驗，開始進場瘋狂搶進，成交量瞬間放大，主力大股東當然趁勢倒貨。高點的利多通常不能只是一天，必須要持續一段時間，讓不同散戶陸續跳進來，主力大股東的貨才能出完。所以利多消息發佈時機的編排，必須有節奏，一峰比一峰高，要像連續劇，越來越高潮，讓散戶覺得利多之後還有利多，無懼於已發生的巨大漲幅，吸引越來越多的散戶進場，待最大的利多出現時，就是股價作頭反轉日。

作頭時的特色，成交量特大，常常伴隨的是歷史天量，量大不漲，大事就不妙了，股語云：「漲時千日，作頭一時」，作頭時，如果你不是出場，而是進場，那鐵定完蛋了，肯定是最後一隻白老鼠。花了三年時間拉漲上來的股價，通常在半年內就跌光了。

技術分析中有一種專門尋找主力介入之潛力股的工具，稱為主力庫存法。此法就是根植於主力的操作手法應運而生，藉由電腦統計數據功能的輔助，由券商下單的紀錄中，尋找連續

數日有單筆大量成交的個股，累計其成交量，判定為主力庫存數量，以作為主力介入之潛力股推斷；這樣做的理論是根植於作主力需要的股票庫存量大，買股票時不會像散戶一般小量幾張的單量在掛單，曠日費時，所以電腦判定大筆的單量為主力的進出，如此方法可以覓得主力剛開始介入的底部區股票，進行佈局，搭主力的順風車。在眾多的技術分析方法中，主力庫存法算是非常安全的操作手法，很多股市的老鳥、資深分析師，比較認同這樣的方式（雖說如此，現在的主力也很聰明，為了避免被偵測到，他們有時也會採取小量多筆的買賣掛單方式，企圖掩人耳目，總之這個市場是爾虞我詐，永遠充滿著需要應變的新陷阱及待學習的新手法）。

十、主力對衍生性金融商品的運用

近十年來的金融市場蓬勃發展，很多新的衍生性金融商品陸續浮出檯面，廣為大眾接受與使用操作，這些金融商品與股票市場有關的包括早期發展的融券放空、晚期的認股權證及股價指數期貨等等，或多或少都成了影響股價走勢的重要因素之一，藉由對這些衍生性金融商品特性的了解，可以對集中市場股票價格進行技術性的套利，資金雄厚的話，還可以操縱大盤指數，某些外資甚至政府基金都曾有利用期貨來操作大盤指數的經驗，這是很典型的手法。

　　期貨原始的意義理應是避險的工具，不管是商品期貨，還是股價指數期貨，教科書裡面也僅教導過我們這個功能。如果是避險的工具，它的操作應該是與現貨反其道而行，也就是當你是現貨買進時，期貨市場應該放空單，而當現貨賣出時，期貨市場則應該是要下多單，這樣才能達到原始避險的目的；然而在實際的市場操作上，主力卻是經常性的採取期貨現貨同向操作，也就是期貨作多單時，現貨市場同時強力買進，期貨放空時，現貨市場則強力賣出，如果是同向操作，那很明顯的失去了避險的意義，那又為何要如此做呢？原來這些操作的人其目的也不是在避險，而是企圖影響操控股價，賺取更大的暴利。當你在期貨市場先行佈局多單，然後在現貨市場進場買進佔加權指數的個股時（通常是台積電、聯電，因其股本大，佔指數比例也高），可以拉高現貨價指數，在期貨指數是以現貨指數作為結算的背景下，你可以做到期指現貨兩頭賺的暴利，或者相反方式也可達到相同效果，就是期貨指數放空，現貨股票賣出，不過這樣的操作手法需要龐大的資金，不是一般投資人可以採用的方式。

十一、軋空的力道，讓主力有恃無恐

　　主力很是清楚股價有其基本價值，拉抬過程中，有時股價到了高處不勝寒又欲罷不能的處境時（過大的漲幅後，散戶不

敢再追高），支持主力繼續堅持下去的原動力經常是因為「為數龐大的空單」，空單這些潛在性的買盤，是讓現今電子股主力可以有恃無恐，不顧一切的拉抬股價的原因。所以在任何時期，我們都可以看到一些沒有實質價值的股票，跌破專家眼鏡地屢創新高，市場上有時喜歡以一些領先創新高的股票作為指標來操作其他落後補漲的股票。在此提醒投資人要特別小心分辨所謂技術型的上漲與實質價值上漲的不同，融券高的股票具有軋空力道，一般不具相同條件的股票是沒有的，不要用本益比的比價效應來對其他同類族群股票寄予相同的期望，小心分析師也常犯如此的錯誤。

　　至於什麼樣的融券數據可以用來作為判斷個股是否具有軋空條件的指標，分析師經常使用的是券資比，常用的標準來說，20倍的券資比就被認為是偏高，會引起市場的注意，30倍則通常就被解讀為是可以有軋空行情。然而單看券資比一項指標其實是不夠的，它充其量只是讓你在幾百支的上市上櫃股票中可以注意到它，另一比較決定性的考量應該是融券張數與當時平均日成交量的比，如果融券張數佔日成交量比例太大，甚至超過日成交量甚多時，有時達到2倍或3倍時，軋空條件會是比較紮實的，也就是主力會比較有恃無恐，否則光憑券資比一項數據，遇到空頭，主力是不會有把握的，萬一現股股東傾巢而出，主力也是招架不住；而對於投資散戶來說則要避免陷入券資比的迷思，因為主力會利用來作騙線，作出短暫強力的拉抬，吸引散戶上勾卻藉機倒貨。

十二、衍生性金融商品對金融市場具穩定作用

從另一個角度來看待這些衍生性金融商品，不管是期貨、融券甚至是認股權證等等，在趨向成熟的金融市場上，其實它們或多或少扮演了穩定金融市場的角色，這些產品讓股票市場在很惡劣的經濟時空背景下，可以產生技術型的反彈或支撐，而不至於一洩千里。技術性反彈或支撐在崩盤時別具深切的意義，說它是技術性反彈，表示不具實質，股價終究必須往下探底，然而這樣的反彈可以形成一種自然的保護型態，讓資金不足的市場投資人（融資買進或借錢的人）可以有機會退場減少損失，讓玩家得以換手，換句話說，受傷可以由社會平均分攤，甚至有時拖過了經濟環境的惡劣期，繼續探底可能就不會發生了。

我們以西元2000年美國那斯達克股市與台灣集中市場的崩盤走勢來看，兩者同樣面臨十年來最嚴酷的經濟考驗，也相同的在這一年內以幾乎等比例的腰斬跌幅結束封關，台股從年初高點10,393到年底封關最低點4,711，美國那斯達克則從年初的歷史新高5,132跌至年底的2,288，各自都有55％的腰斬幅度。所不同的是，美國股市在崩盤過程中是走走彈彈，緩慢地向下探底，相當符合技術分析可以預測的走法，就是說「跌到支撐區，會開始出現反彈，彈升至壓力區，再反轉下探」。然而台灣

的股市在崩盤的過程中，卻幾乎是沒有反彈，一路貫壓到底，
環顧這一年的歷史，台灣證券市場上的分析師哪個不是頻頻槓
龜，技術分析的支撐完全不準，沒有一個技術指標派得上用
場，所有投資人財富嚴重縮水，分析師、大股東、主力、散戶
無一倖免，市場哀鴻遍野（**圖9-4**和**圖9-5**各自是西元2000年
台股及那斯達克的指數走勢，很明顯看出台股在起跌後，幾乎
是呈現直線落體的往下墜落）。

　　以台股有別於美國那斯達克而呈現直線落體式的跌法來
說，若說是台灣當時的時空環境背景太差，倒不全然說得過
去，因為美國是在極度泡沫後的崩盤，股市走空的背景條件環
境絕對是比台灣更加惡劣，畢竟美國走了將近十年的多頭行
情，指數一路往上飆高，幾乎不曾休息過；反觀台股，這十年

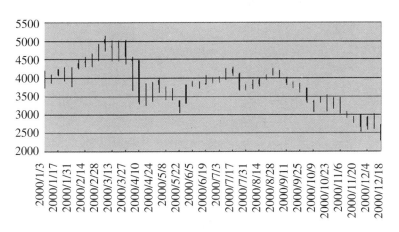

圖9-4　NASDAQ-主跌股

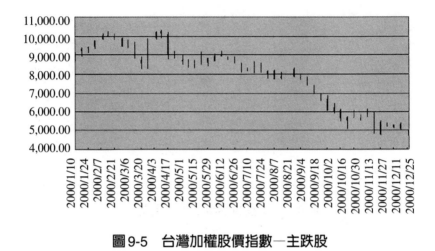

圖9-5　台灣加權股價指數－主跌股

來幾乎不動，若以長線眼光來看，充其量，就只是區間來回震盪而已。（見**圖9-6**、**圖9-7**）

　　以飆漲的程度來看，理論上那斯達克比台股更應該是走直線落體下墜，為什麼它沒有而台股卻是如此命運呢？我覺得台灣加入了人為不合理的干預是主因，我們的財經股市政策官員在股市開始崩盤的時候，為了安撫群眾氣憤空頭勝利的情緒，對空頭行為作了若干的限制規定與打壓，諸如平盤以下不可空、自備資金需九成之類限制，導致空單操作困難，而大為減少。這樣的做法，市場竟然可以解讀為是利多消息，真的是令人匪夷所思。其實股市在遇到崩盤的時候，空單是一股可以舒緩肅殺之氣的穩定力量，這樣的緩和力量，可以讓受傷的投資人有停損出場的機會，也是讓技術分析理論得以發揮功效的機

NAS／NMS COMPSITE（NASDAQ Stock Exchange）
as if 5-Jul-2001

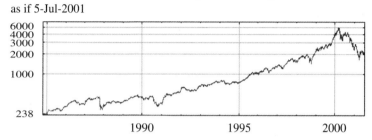

copyright 2001 Yahoo ! Inc   http://finance.yahoo.com/

圖9-6 美國Nasdaq十年走勢圖
資料來源：財訊網站。

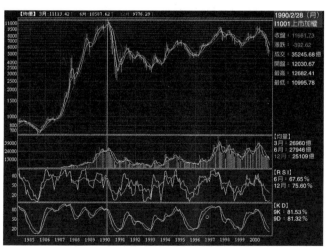

圖9-7 台股歷年加權指數走勢圖
資料來源：財訊網站。

制。很多了解股市特性的人都很清楚這樣的特性，可惜的是，
為了一賭輸錢的怨氣，包括政府財經官員在內都無視於一個良
好的機制存在的價值。雖說當趨勢往下的時候，任何力量的介
入，都只是緩兵之計，最後終究還是會往下，但是政府官員更
應該體認，有了緩兵之計，對整個社會的傷害可以比較降低。
因為一路貫壓到底的情況，所有在市場裡面的投資人都來不及
出場，很多融資戶及企業的質押借款，連斷頭停損的機會都沒
有，最後變成龐大的負債，爆發潛在性金融危機，會對社會造
成很大的傷害。

　　再從另一個角度來看，我們政府的干預幾乎是往作多一面
倒，完全違反自然法則，在已經是空頭甚囂塵上的環境下，恣
意放寬的信用額度、刻意製造的榮景及各種利多假象來鼓勵市
場投資人加入作多行列，無視於股價飆離事實價值，處於泡沫
風險的危機，而在崩潰時又拿走緩和崩潰的武器，瞬間加重對
投資人的傷害與衝擊，只是為了一洩空頭勝利的怨氣。

　　操作台股的困難度與危機也有很大部分是環繞在這樣的議
題上，我們金融市場的遊戲規則隨時變動，隨著行情走勢的緊
繃、投資人反彈的情緒及新政府政權的捍衛等等因素，都會導
致政府官員在股票市場遊戲規則上動手腳，例如隨時調整的漲
跌幅限制，融券、融資操作的限制與放寬等等，這些變化都是
對分析師及投資人在衡量操作股市時很重要的考量因素，經常
性的變動，讓人不知所措，這就是我在前面提及的，操作現今
的投機市場需隨時保持警戒狀態的原因，一天不看報紙，你的

操作策略出現偏差，你也不知道。

十三、過去主力vs.現今主力

　　過去證券市場的主力背景有兩種，第一種是公司派大股東，第二種是市場派金主作手。無論哪一種，歸根結柢，就是有錢人用自己的錢在作賭注，企圖操縱股價獲利。而現今的主力，除了公司派大股東外，有絕大部分來自法人，也就是所謂外資、投信、自營商。這樣的法人組合，歸根結柢，都是拿別人的錢在賭博。

　　雖說這兩種主力組合，其目的都是從股票市場上獲取利潤，可是在心態上，其可以承受的風險卻有很大的程度差異。當你是使用自己的錢來操作股票時，心態上會比較趨於保守。你一定只會在自己覺得有把握時才進場下手一搏，所以當你在作主力拉抬股價時，你同時會考量股票價位的被市場接受度，想到這裡，你也就不至於出現太離譜的猛烈拉抬，因為投資人也不是笨蛋，瞬間漲幅太大的股票，也沒幾個人敢追；同樣的，在出貨的過程中，你也會考慮到不要嚇壞市場投資人，讓自己出不了貨，所以也不會出現連續性強力倒貨的暴跌走勢；因為無端猛烈拉抬與強力倒貨，最後受傷的絕對不僅僅是投資散戶，連主力自己都會被套牢。

　　反觀今日，猛烈拉抬與強力倒貨的情況卻頻頻發生，現今

股價走勢可以暴漲暴跌得如此迅速循環，投信法人運用散戶的錢缺乏風險意識地猛充業績，又在看錯行情後，不顧一切的強力倒貨，應該是最大的罪魁禍首。

十四、現今主力心態是股市暴跌的元兇

追根溯源，導致現今法人如此操作手法，基金經理人的世界裡容納不下老二的生存空間是主因。我們看看報紙每天固定刊登的各大基金排行榜，投資人要買基金當然是會買名列前茅的基金，誰會去青睞中間及後面排名的基金，這也是基金經理人市場很殘酷的事實，排名二線以下的基金經理人很快就會被撤換掉，而且離開基金經理人圈，因為別家投信公司也不會請你，唯獨只有一線的基金經理人可以在市場生存下來，而且各方爭相挖角。在這種競爭激烈的環境下，為了要維持名次領先，基金經理人一味追求高風險高報酬的股票，也是自然而然的事。反正落後也是陣亡，沒有第一也是陣亡，不如卯足勁不顧風險地搶第一，至少有一線希望可以存活，於是乎出現了所謂的法人認養股，法人聯手拉抬積極操縱股價等等的現象，當股價拉到高處不勝寒又難以脫手時，一個新的荒誕理論又誕生了，二十世紀末，所謂「追求三高股——高獲利、高股價、高本益比的股票」的理論甚囂塵上，一些年輕分析師與基金經理人頂著留美MBA的頭銜，鼓吹投資人進行積極性操作，他們告

訴投資人，「高本益比代表公司有潛力，前景看好，投資人有信心，所以會漲，值得投資；至於低本益比的股票，公司前景堪慮，市場投資人沒信心，沒人要，是垃圾，不要去撿。」在這些年輕基金經理人的眼中，好的股票可以漲到天上，壞的股票，可以跌到趨近於零，在西元 2000 年的台灣股市我們看到了990 元的禾申堂，也看到了 0.14 元的宏福，這算是這些分析師的傑作，他們的股票世界裡，說穿了，完全沒有評價標準的數字依據，更別談股票實質價值了。他們從來不談這些數據，他們只跟你談產業前景、國際競爭力、技術層次，我覺得他們有點像是回到魏晉南北朝時代所流行的空談，盡談些言不及義、風花雪月的國際競爭力的言論，讓你聽了情緒亢奮得興起了民族優越感的情操，不知不覺地就掏腰包買起股票共襄盛舉，他們從來不用你可以理解的科學數據來說服你股票值得投資的原因，及其可以期待的回收數據。其實是他們跟散戶一樣，沒有能力替股票的漲升找到正確合理的股價評價標準，所以下次聽信他們的投資建議前，你最好要三思而行。

　　在一個非理性市場的漲升中，雖說你是無法用理性科學的股價評價工具來解釋，但是你確確實實是可以用理性科學的股價評價工具來決定是否值得長期投資。可惜追求短線績效的基金經理人，不會使用理性科學的評價工具來教導你選擇長期投資的標的，他們必須讓投資人立刻看到績效，立刻相信他，支持他。可是往往追求短線績效去購買高本益比的股票後，其結果就是讓投資人套牢在高點，不能翻身。因為高本益比的股票

雖然漲幅快速，卻是已經接近作頭的高點，股價一旦作頭反轉，跌勢往往是既凶猛且快速，讓你還來不及作思考反應的動作，股價就已經腰斬。

不只是投資散戶不能翻身，法人更是在股價反轉後，雪上加霜的罪魁禍首，尤有甚者，法人跟散戶一樣，常常是在股價已經跌了一大段後，績效出問題了才反應過來，開始不計代價的強力賣出，讓原本已經跌深，應該反彈的股價，硬是被打下去，更可憐的是，法人的持股量太大，在空頭的微弱成交量下，其大單賣出的動作只是加速股價下滑，根本無法將股票立刻賣出，西元2000年台灣股市的暴跌幅度居歷年之冠，看板上充斥著打破歷史新低的股票，造成市場所有散戶法人一起被嚴重套牢、百姓財富大縮水的悲劇，究其原因，法人用散戶的錢，出手闊綽地在電子股高檔時猛力拉抬，又毫不心疼地在低檔時強力賣出是最大的罪魁禍首。

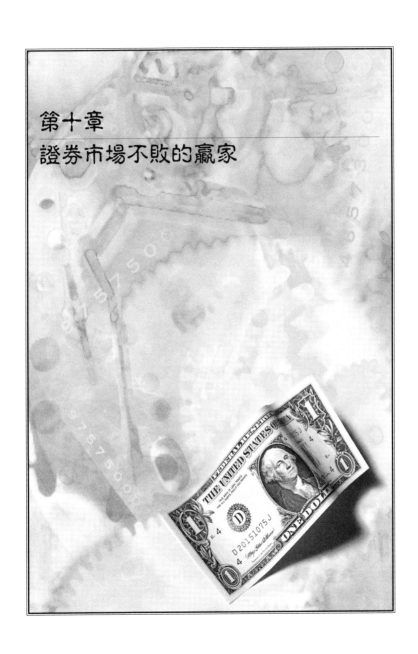

第十章
證券市場不敗的贏家

要去探討證券市場不敗的贏家，需先從市場特性說起：

一、無效率市場 vs. 效率市場

　　學過投資學的人大概都學過所謂無效率市場及效率市場理論。針對沒有學過的人，我用很簡單的方式來解釋。所謂無效率市場，就是指「市場消息封閉，傳遞緩慢，對於某個特定利多或利空消息，從第一個人知道的時間，到大家都知道這個消息的時間，中間有一段時間間隔」。在過去資訊封閉、傳播媒體不夠發達的時空背景下，就是這理論下典型的無效率市場。

　　請問說到這裡，你有沒有聯想到什麼？你最好學著去思考一下，再往下看解釋。有心人士，在看到這裡就立即有反應，甚至會去想辦法讓自己成為第一個知道消息的人，所謂的內線交易，就是發生在這個無效率市場下。簡單的說，最早知道利多消息的人，他們知道消息後會先去買股票，等消息傳送到大眾耳朵，群眾開始瘋狂搶進時，他們就可以乘機賣在高價。市場上有很多這種有心人士（當然比例上說，還是屬於社會中的少數）。這種人，通常比較容易在股票市場上成長茁壯。如果你對於先前的問題思考不出來，你可能就不適合玩股票，你大概注定要輸給這些有心人士。

　　相對於無效率市場，效率市場自然就是指利多或利空特定消息的傳遞，從第一個人得知消息的時間，到每一個關係人

（或大部分）得知消息的時間，中間幾乎沒有時間差，如果是這樣的話，所有套利都很難進行，因為市場價格會有一種立刻反應利多或利空消息的特性。網際網路的發明，讓消息傳佈變得零時差零國界，也讓效率市場提前到來。

二、什麼人是第一個知道消息的人？

當然是公司老闆與大股東囉！老闆是掌控公司營運的人，自然是最了解公司的人，大股東是支持老闆的金主，一有風吹草動，老闆自然會立刻告知大股東。這兩種角色的人藉由掌控第一手消息的時間與發佈權，可以領先市場進行佈局，甚至，可以控制消息發佈的時機，選擇對自己最有利的時間點來公佈，讓自己得以順利執行交易來獲取最高的報酬。這就是市場上常說的所謂「一手持聖經，一手拿寶劍」。持聖經，是掌握消息公佈的內容與時機，寶劍是用股票作為廝殺散戶的工具。

這些人本來就是社會上比較精明的一群人，充分了解大眾心理，散戶心態；抓準了群眾中有大部分人在看到傳播媒體上報導某某公司利多消息時會有進場搶進股票的衝動，而看到利空消息則會有趕快賣出的行為反應。於是乎藉由對消息的掌控來達到從中獲利的目的，尤有甚者，由於其掌控股份部位較大，甚至可以操縱股價。

三、本益比運用，順勢助長大股東操縱股價獲利

　　對於股價的漲跌，大股東心裡比你更清楚，大部分的好消息或者壞消息對於公司實際經營獲利及實質價值影響都不大，至少是不如股價波動幅度那麼大。例如利多消息說今年渴望調高財測1元，那麼對於每股實質價值影響也只有1元，股價如果要反應，也理應用上漲1元來反應，相反的調降1元獲利的利空消息，也應該是以下跌1元的幅度來反應；像證券市場這樣動輒以連續漲停或連續跌停來反應的不理性現象，正好為熟悉實情的大股東及主力有機可乘。藉由大漲情況出貨，及大跌情況進貨。

　　歸根結柢就是本益比惹的禍，因為在本益比的計算模式下，原本只是1元獲利或虧損的狀況下，對於每股價值的影響理應只有1元，股價卻是以本益比的倍數來反應，例如本益比30，反應幅度就是30元，本益比40，反應幅度就是40元。如此反應是在假設當今天公司獲利每增加1元時，連帶的未來30年或40年，公司每年都會增加1元，可是實際的狀況是這樣的變化通常是因為當年特殊狀況而發生，可能是因競爭者工廠因地震停產，或突然的需求大增等等突發因素所導致的接單量上升，明年就沒有這樣的因素了，於是乎等明年獲利狀況回復到正常水準時，股價又再以30元或40元的幅度回復至原來的標

準。投資人冷靜思考一下，這樣的反應模式，值得你在聽到利多消息（經常是出貨量大增、接到大訂單之類的利多）時跳進去追高當白老鼠嗎？

四、證券市場最大的贏家 —— 原始股東特有的權利

手持聖經與寶劍是大股東的利益之一，但有時也是有風險，當看錯行情而與市場逆向操作時，容易自己被自己套，畢竟他們跟散戶一樣是人，也有看錯行情的時候。你知道嗎？然而除此之外，大股東卻還有一個最大的利益，目前看來，比這個更大更安全的利益，那就是大股東（或者比較精確的說法是原始股東）是屬於證券市場中二八理論中的二族群，也就是股票市場上最大的贏家。

為什麼這麼說？因為他們是證券市場中，特有的一群將股票買進在合理價位的人，當然也擁有將股票賣在不合理暴利的權利。如此的權利連主力都無法與之媲美。

在過去的時代，原始股東通常將股票買在10元面額價位，尤有甚者，在今日電子炸子雞當紅的效益下，甚多持有技術的公司原始股東，是不需拿錢出來，就可直接擁有技術股，無論如何，公司在沒有上市前，是沒有本益比的槓桿效益，計算方式總是合理地以實質淨值或價值來計算以進行交易，只要公司有獲利，再加上上市的程序完成，本益比槓桿效益就立刻浮

現，公司上市後，原始股東無論股市在多頭空頭幾乎都可以把
股票賣在賺錢部位，反正有本益比的膨脹效應，泡沫越大，利
潤越高。

第十一章
本益比的危機已來到

一、效率市場提前到來，掌控消息發佈權不再具有優勢

　　網際網路的發明與盛行，讓效率市場的理想提前到來，而效率市場的特色，就是沒有消息時間落差，內線交易無從套利，不論是大股東或主力在集中市場搶錢越來越困難。以目前市場上充斥的媒體，消息流動的快速，專業機構研究報告的氾濫，常常會有市場上投資人的消息早公司派一步的現象，而且專業機構對產業前景掌握的精準度有時更甚於公司派。

　　大股東手持聖經的優勢已然漸漸式微，這個時代，大股東很難把重大消息隱藏太久用來拉抬股價，一方面是違反上市公司消息透明化的原則，二方面是今日的財經記者滿佈，總有通天的本領挖掘不為人知的內幕，所以重大消息很容易走漏。主力失去了大股東作靠山來掩護出貨，操作難度驟然大增，主力被套牢的情況近來時有所聞。

二、股市暴漲暴跌，集中市場獲利困難

　　投資人行為因歷史經驗教訓而改變，掌握群眾心理變得越來越困難。如果你用心觀察，你會發現最近這二、三年來，台灣股市變得暴漲暴跌，每一次高低點循環速度越來越快，過去

那一種一漲漲五年（民國75起漲）、十年（民國72起漲）的榮景不復再見。即使在內有資訊科技產業蓬勃發展爲台灣帶來的國際競爭力優勢環境，外有美國那斯達克帶頭狂飆近十年營造出來的全球多頭氣勢，台灣也沒有隨之起舞。現在的台灣股民大半是經歷過民國79年崩盤的同一群人，即使沒經歷過，也聽過或從教科書上學習到歷史教訓，你如何說服他們說萬點是健康的。崩盤前記得要提前下車的觀念已然根深柢固在大部分股民的心裡，十年來的台股加權指數從未曾打破民國79年的12,682歷史高點，足以支持此一論點。

　　另外一個值得觀察的現象是，強勢股多頭高點的本益比一次比一次低，始終無法創新高；而弱勢股空頭低點的本益比卻頻創新低。這樣的現象，讓市場上使用歷史經驗法則來操作股票的人屢屢受挫。預期的高點總是沒有來，股價就反轉，切入以爲是低檔的時點，股價卻又再腰斬。

　　在面對集中市場消息變化太快，股價反應劇烈的情況下，即使是過去的股市操盤高手，也開始覺得操作困難，跟不上市場快速的消息變化，反應遲鈍，往往幾天，甚至是一天不注意新聞，或遲頓1分鐘反應執行動作，就導致鉅幅虧損，出現幾天跌停賣不出去的窘況。

　　西元2000年台灣股市的崩盤走勢，眞可謂是「大江東去浪淘盡，多少英雄好漢」。所有市場上過去曾叱詫風雲的作手、名嘴分析師，幾乎無一倖免。可以說是包括投資大眾、操盤高手、主力作手及大股東等等所有當時仍在股市中沉浮的人，都

在2000年的崩盤中，慘遭滑鐵盧，似乎是越來越少有人可以在台灣的股票市場上戰勝獲利。

三、原始股東成爲市場上唯一的贏家

顯然現今本益比槓桿效益仍在，公司股票在上市前的承銷價總是以當時市場一般本益比來衡量評價，加上公司初上市時通常也都是營運狀況最佳時，每股盈餘乘上本益比，往往使股價在承銷時得以一舉推上高點；可是在公司股票上市後，市場買氣無法跟進的狀況下，股價往往很快的就呈現破底走勢，即使是某些有主力青睞的股票，在上市蜜月行情結束後，經常可以發現，在其一路上漲及下跌過程中，都沒有大型成交量出現，可見得散戶不捧場，主力無法順利出貨，自己被自己套住。主力不能賺錢，還有誰可以賺錢？可以想像，在集中市場上買進股票的人，有大半都是在賠錢，當公司股價跌破承銷價，又再繼續破底的情況下，唯一有可能賺錢的人似乎只有原始股東了。

原始股東在經歷上市前幾次的配股，往往持有成本落至10元面額以下，此時的股價只要是在面額以上，他們總可以隨便賣隨便賺。其實我們也不排除主力就是大股東，他們很清楚股價拉高後，沒有人要買，會賠錢，但居於戰略的考量，他們還是會這麼做，原因何在？下面我們選擇一個實際例子的走勢狀

況來作分析探討。（**圖11-1**）

　　此股上市後股價拉到990元，這樣的天價，顯然沒有太多人認同，由其一路下滑時沒有足夠成交量可以看出散戶是沒有太多人捧場，主力被套住無法順利下車。然而從990元跌到300元附近，就開始有人買了，出現比較大量的成交量，從圖型上可以看到，在300元至400元間開始出現密集大量成交量，主力要出貨，必須有這樣的量才可以，否則只會造成沿路砍殺，無量崩跌，把自己花大把銀兩拉抬上來的股價砍低，貨卻無法出脫的窘境。

　　這時我們要思考一個問題，如果此股上櫃後由200元開始出現成交量後，一路拉抬至990元是由非公司派的主力拉抬股

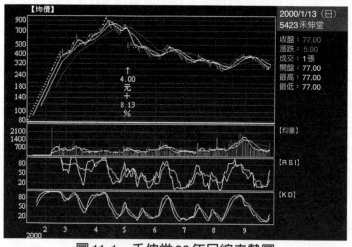

圖 11-1　禾伸堂89年日線走勢圖

資料來源：財訊網站。

價，由成交量可以很明顯的看出，這個主力賠錢賠得很慘，因為成交大量是出現在300元附近，遠低於其平均持有成本，而這樣的情況在近幾年的新上市上櫃股中常常可以看到，那我們就要懷疑，主力都這麼笨嗎？當然不是，這麼笨怎麼作主力。那麼在什麼樣的狀況下，拉抬至990元的主力可以賺錢呢？只有一種可能，就是股票平均持有成本低於300元！在什麼樣的狀況下，這個在高價買進股票的主力其股票平均持有成本可以低於300元呢？只有一種可能，就是公司原始大股東身兼幕後主力！大股東可以從990元開始沿路跌，沿路小量賣，可望在300元附近的大量區，大量出清原始低成本存貨（當然不完全出清，還必須保留得以掌控公司經營權的最基本股份維持率），這時大股東所賣出的股票，平均即使落在500元，獲利率都可能高達5倍以上，因為其原始股票平均持有成本低於10，如果再加上後來在600至900元高價買進的股票，因原始股票股數較龐大，平均下來也許也只有100至200元間，可以說是只要有量（有散戶在買），大股東是隨便賣隨便賺。

（註：這只是一種假設性的分析，並無任何直接證據證明本文敘述的禾伸堂公司幕後眞有如此操作，舉其例只是用來解釋說明這樣的理論分析邏輯，提供讀者用來思考其他上市公司可能發生的狀況。）

四、資金逐漸退出集中市場 vs.本益比逐年下降

　　在股票市場經歷幾次暴漲暴跌後，每一次的激情過後，總會嚇壞一部分的投資人退出市場，轉而思考比較低風險的獲利模式。漸漸的，越來越多人會發現原始股東的利益是相當吸引人的！很多人開始有了創業夢想，想要自己成為原始股東，也來分食集中市場這塊大餅。於是乎，資金開始退出股票集中市場，轉進新成立公司，在公司經營有成後，送至集中市場上市，獲利了結，再度吸走集中市場的資金，在這樣的風潮下，資金漸漸的退出了股票集中市場。

　　然而要成為原始股東並讓公司順利上市畢竟不是那麼容易的事，需要一些專業與經驗，所以在這樣風潮剛開始流行時，大部分新公司的原始股東還是來自於已有經驗的已上市公司的原始股東，他們在公司上市後將手上大部分持股獲利了結，僅留下可控制經營權的最低股份維持率；然後將獲利了結的錢拿來重新設立一家公司，打算讓它上市，再度故技重施，如此周而復始的累積財富。有經驗的人越來越得心應手，速度越來越快，而市場上有如此經驗的人也急劇增加，所以我們看到在一九九〇年代，我們集中市場的上市家數也有呈等比級數增加的趨勢（圖11-2、圖11-3），影響所及，我們上市公司的總資本額成長速度，遠遠高於國家全體國民生產毛額（GDP）的成長

（家數）

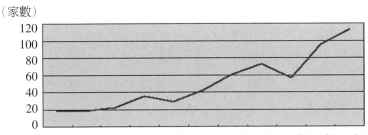

78年 79年 80年 81年 82年 83年 84年 85年 86年 87年 88年

註：以上擷取資料為每年新上市上櫃公司家數的總和，很清楚的看到近
　　年來增加速度有越來越快的趨勢，而這還不包括所謂的未上市盤商
　　的新掛牌報價公司。

圖11-2　十年來上市上櫃公司增加速度圖表

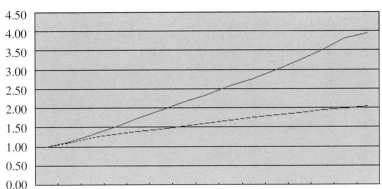

74年75年76年77年78年79年80年81年82年83年84年85年86年87年88年

---- 經濟累進成長率　　　── 上市股份累進成長率

註：以74年的經濟成長率及上市公司總股份為底，計算各年來兩者的累進
　　成長率，可以清楚看到上市股份增加的速度遠遠快於經濟的成長速
　　度，其代表的意義是吸金機器增加的速度大於資金本身增加的速度。

圖11-3　十五年來上市股份與經濟累進成長率比較圖

速度，散戶沒有警覺，以為過去景氣好、國家承平時的多頭市場下，本益比總可以到 30，好一點的時候還可以到 50，可是最近的多頭市場高點的本益比總是越來越低，散戶預測的本益比總是沒有來到股價就反轉，喪失了賣點，將原來獲利的股票通通殺在賠錢的價位，或者是被套牢。

其實投資人應該要體認，股價是資金堆積出來的，當在集中市場上資金逐漸流失，而吸金機器（上市公司）又越來越多，越來越大，甚至越來越快時，股價高點自然越來越低，而整體本益比表現的現象，是反應資金動能的最高點，自然也會逐年下滑。

五、創投業應運而生成為超強吸金器，本益比岌岌可危

既然集中市場獲利困難，游資總是會流到其認為最有利的地方，資金離開集中市場的速度有呈現重力加速度的加快現象。很多內行人（已有經驗的上市公司原始股東或管理階層）早就看到原始股東的暴利，虎視眈眈，然而對於大部分的散戶來說，要成為上市公司的原始股東，似乎並不容易，因為公司要上市不僅只是要賺錢，還要符合相關法令規定，要有一定的專業能力才能達成上市門檻。於是有一個行業就應運而生，來服務並解決大部分人的困擾，完成他們的夢想，那就是創投業。

　　創投公司的產生幫你解決你想當原始股東，又缺乏專業經營能力的困境，藉由投資創投基金，你既可以擁有如原始股東般買進股票在合理的價位（沒有本益比的槓桿膨脹）的權利，又不需煩心公司管理及上市等專業問題，股票上市後，你還可擁有將其股份賣出在本益比槓桿下不合理的暴利價位的權利。

　　今年初以前，美國那斯達克市場的狂飆，我們聽到了很多創投基金數倍甚至數十倍獲利的故事報導。於是乎一窩蜂的創投公司爭相成立，在千禧年達到了最高潮，這股風潮也吹向亞洲及台灣，創投公司如雨後春筍般的冒出，每一個新成立的創投公司，就像是一部大型的吸金器，把一批一批的資金從集中市場吸走，轉而投資到新成立的公司，然後資金就像定存一樣，成為長期投資資金存放在新興公司的銀行帳戶裡，尤有甚者，這些創投公司還快速的製造完成一批新興公司，成為新的超強吸金器，準備送往集中市場上市上櫃來吸錢。

　　所以集中市場的整體資金水位因為新興公司與創投業抽離的關係是有逐年下降的趨勢，可是反觀吸金的機器（新股上市上櫃）卻有加速增加的趨勢（圖11-4），看看現在新上市上櫃公司增加速度如此迅速，可以想見每家公司在集中市場所可分配到的投資人金額勢必逐漸減少。在這樣雙面夾擊的壓力下，平均每股可以得到的資金活水自然而然的也會呈現向下滑落的趨勢，最典型反應每股可獲得資金水位的指標就是本益比，無怪乎本益比是呈現越來越下降的趨勢。投資人所預期的過去多頭時的高本益比，永遠不會再來。即使政治再安定，經濟再

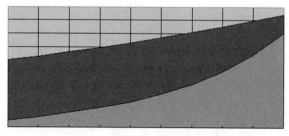

86年　87年　88年　89年　90年　91年　92年　93年　94年　95年

圖11-4　創投吸金效應

好，資金的最高點總是一次比一次低。

　　股市惡性循環的特性，在此也會發生效力，就是股票集中市場獲利越困難，資金越出走，創投增加速度越快，新公司成長越快，吸金器越多，本益比下滑速度更是加劇。

　　親愛的投資大眾，如果你還在持續用本益比這樣的計算工具，在此提醒你，千萬記得要把標準降得很低很低，越來越低，否則會賠得很慘。

第十二章
何謂泡沫？

　　所謂泡沫，顧名思義，由氣幻化成各種美麗碩大的泡沫外表，沒有實體支撐，遲早會消失於無形，僅留下些微的肥皂水。一滴0.1公分的肥皂水，可以吹起大它50倍的5公分泡沫。如同50倍本益比，這個用夢想吹起的泡沫，當夢想幻滅時，最終殘留下的實質，是微薄的公司淨值，及看得見的每股獲利，50倍的本益比，泡沫幻滅後的實質價值僅有原來的五十分之一。

一、典型泡沫的幻滅

　　如果泡沫不會幻滅，那也還好，大家一起活在海市蜃樓的睡夢中，每天無憂無慮，過著幸福快樂的生活，也沒有什麼不好；偏偏泡沫是會幻滅的，不是我們有意要戳破，是泡沫自己的特性，自然地會破滅，更可怕的是泡沫要幻滅，必須要把泡泡吹大到極致，讓最大的泡沫生成後，讓它自然於瞬間破滅變回原形。那種感覺應該就像是人坐在升降梯上，緩緩地爬上摩天大樓，然後於瞬間重重摔下，想像那種爬上雲層頂端又跌落谷底的感受確實是叫人難以承受。

　　民國79年，台灣第一次經歷了最典型的股市泡沫幻滅，12,682點，那是信心加資金堆砌的最極致，這樣的泡沫極限高點觸及後，接下就是泰山崩跌的走勢，狀勢恐怖，股價在短短的半年內，跌了80％。如果當時你是市場投資人，你會經歷到

那種股價無量崩跌二十一天,你每天就像是從高樓墜下來的感覺,當時的社會新聞,充斥著情緒焦慮、家庭失和、搶劫、自殺、跳樓等等家庭悲劇事件。這就是泡沫幻滅後對社會的傷害,其破壞的威力,不輸於921大地震。

令人不解的是西元2000年的台灣竟然再度上演股市泡沫的悲劇,加權指數在三個月內跌掉六成,情況更加悲慘,比起上次是有過之而無不及。為什麼說六成跌幅會大於八成跌幅,原因在於十年前,市場投資人都是使用現股買股票,大部分的投資人賠的都是自己的錢,而現今社會對信用擴張的過度鼓勵,絕大部分投資人不僅使用大量融資買股票,連融資的錢都可能是各種抵押借來的,所以如以相同指數跌幅來看,今日對社會投資人的殺傷力可能是當時的兩倍甚至更多。

以下是擷取自《聯合報》89/11/25日的新聞報導有關於股市崩盤對群眾生活的影響:

股市套牢族　憂鬱、中風、自殺頻傳
地方新聞中心記者／專題報導

股市低迷,投資人受損嚴重,期間有人挪用公款、子女教育費周轉,卻賠得光光的,導致吃官司、自殺、吃安眠藥、精神失常、中風死亡,情況相當嚴重。

桃園縣一名單身女郎因多年積蓄全部投資股市,股票套牢後生活陷入窘境,房貸繳不出,銀行逼得緊,她想下海賣身,問生命線社工員,她可不可以走這條路來挽救生機。

　　台北縣某大醫院的徐姓女主管，晚間參加高階主管的企管進修班，同學清一色是高階主管，卻都私下向她要安眠藥，原因是股市失利，他們賠上大半的積蓄，心情鬱卒、嚴重失眠。

　　新竹市一家公司的女會計今年9月間擅自挪用公款進場買股票，原以為逢低買進做短線，穩賺無賠，未料，前後不到一個月，竟虧空三百多萬元。東窗事發後，公司找上女會計的先生處理善後，他先生竟開出先離婚再善後的條件。接連打擊下，女會計精神瀕臨崩潰，有一天她深夜外出，家人尾隨找到她時，她完全認不出周遭人事物，被緊急送醫住院治療。

　　桃園市農會派駐桃園市公所的黃姓女收費員，今年投資股市遭套牢，涉嫌在今年8、9月間利用收費之便，挪用近二十名民眾繳交的1,404,004元公有稅款，結果被信用部主任發現，黃女在司法機關調查前先向桃園警分局自首，全案日前經桃園地檢署偵結，依貪污治罪條例提起公訴。

　　高雄縣鳳山市婦人陳張○○因買股票虧了四百多萬元，7月4日留下遺書，跑到高雄縣大樹鄉小坪村的果園內自焚死亡。

　　台中縣梧棲鎮四十一歲男子賴○○，11月9日與同事聚餐時，透露他在股市慘賠三百多萬元，生活過不下去。他喝了酒後情緒低落，獨自到一棟十二層樓的頂樓準備跳樓。同事發現他失蹤，到處尋找，後來在大樓頂樓找到他，同事極力勸阻，一名女同事甚至激動下跪，求他不要輕生，但賴○○與眾人僵持。當警方據報，上樓搶救，消防隊還來不及布設氣墊時，賴

○○就在圍觀群眾驚呼聲中躍下，頭部和四肢重傷，經送沙鹿鎮童醫院急救不治。

　　嘉義市一名婦人在今年10月初慘遭套牢，虧損約1,000萬元，且無法付款而遭斷頭，進而影響到家庭生計，她心情鬱悶好幾天，親友無力協助，她一時想不開，凌晨在自家經營的商店貨物架上吊自殺，家人半夜起床發現送醫急救，已經回天乏術。

　　屏東縣一名在公家單位工作的陳姓男子數年前因糖尿病病危，退休後求醫治療而康復，最近連續斷頭，投資的五百多萬元所剩無幾，因此鬱卒不已，上週併發腦中風死亡。

　　2000/11/25聯合報。

　　引用這則報導的目的是想讓讀者更真實地感受到股市崩盤事件的慘狀，並非本書的言論在此譁眾取寵，打擊市場投資人的信心，而是當我們看到這樣事件及社會狀況的發生，我們秉持關心社會與群眾的立場，不禁要問這樣的後果是誰造成的？請問相同的故事，在十年以內，台灣重複上演了幾次？小崩盤時，傷害的人少，大崩盤時，傷害的人多，不管人多、人少，都有人因此受到傷害，我們都該為這樣一再發生的社會悲劇付出關心，並探討教育防禦之道。

二、泡沫極限的認知

　　雖然人類在歷經傷害後會有自我痊癒的本能，而且也會從中記取教訓，防患未然，然而所記取的教訓如果沒有找到根源所在，相同的傷害依然會再發生，悲劇就這樣循環上演。這是人類最可悲的地方，明知道要防範，卻防範在錯誤的方向上。就以千禧年的崩盤事件來看，相信大部分的投資人都有前車之鑑，都記得在萬點前要提前下車，縱然當時市場上充斥著萬點健康論，甚至有上看二萬五千點的言論出現，很多數據支持的理論證明並鼓吹在歷經十年的經濟成長的能量累積，今日萬點已非昔日萬點般的高不可攀，從本益比平均水平來看也支持此一論點，儘管市場分析師的極力鼓吹及政府官員的大力吶喊，人類本能性的防禦能力依然啟動，萬點一破立刻崩盤。可憐的是這樣記取教訓學會的防禦能力，並未能為市場上大部分的投資人、甚至是投資專家，來提供足夠的防衛力量以免除股災的危害波及，我們看到的是所有在萬點記得下車的聰明人都在8,000點或7,000點的時候進場慘遭套牢，這次的股災似乎很少聽到當時仍在股票市場中翻滾的人，有任何人是可以全身而退，在初跌段時，是沒有任何人曾預測到或是相信台股可以跌到4,500點。

　　這樣錯誤的認知，導因於對股票市場實質價值與泡沫極限

的錯誤評估。西元2000年台股的萬點行情如果要稱其為泡沫，我想很多經濟、金融及股市的專家可能都會很不贊成，尤其是比起美國那斯達克，在十年內漲了20倍之多，台股簡直是小巫見大巫。而對於投資失利的散戶來說，爭論泡沫不泡沫，似乎也不具意義，反正一樣都是崩盤了，傾家蕩產了。至於那些幸運逃過這場股災或者受了重傷但仍存在一絲殘喘的餘氣，伺機反敗為勝的投資人來說，他們比較介意的是產業利空風暴何時平息，政治何時穩定，好讓股市可以再展雄風。沒有人真正在意或看到了泡沫的危機及其引爆的殺傷力，其實他們都錯估了實質的禍亂根源，這樣錯誤的栽贓，一定會導致將來很快的再度重蹈覆轍。

我個人傾向於相信台股千禧年的崩盤原因是資金堆砌的極限之後，外加信心的全面崩潰。資金的極限代表萬點行情可能已是目前台股的資金極限（已是泡沫水位），信心的全面崩潰，代表的是台股在短短半年內跌掉六成，直接下灌到4,500點的罪魁禍首。我想說是信心全面崩潰，大部分人都很認同，因為媒體都是這麼報導的，官員也不斷的加入信心喊話；然而說是資金的極限，泡沫的危機，可能很多人會非常地不以為然，也從來沒有分析師，或者股市名嘴提出如此的理論。然而相反的理論倒是經常被提起，很多人以本益比水平的觀點以及累積經濟成長的觀點來說服投資人，今日的萬點已非昔日那樣高不可攀，甚至股市再度攀爬上萬點之際，高喊上看15,000點甚至25,000點的言論也是大有人在，他們試圖教育投資人今日台股

必須達到 20,000 點以上，才能抵達民國 79 年時的泡沫行情水位。

其實若單純以本益比來看，這樣的說法是完全正確的，以千禧年的萬點行情來看，強勢股電子類股的本益比水平約落在 30 至 50 左右，而反觀民國 79 年時的萬點行情時，強勢股金融股本益比水位約落在 100 至 400 以上，兩者強烈對比的比較下，這也是市場上喊出 25,000 點的理論根據。可惜的是股市並不單純的以本益比來反映，對股價水平有比本益比更重要的影響因素，那就是資金水位的極限，無論當時經濟前景多看好，信心多高漲，市場資金水位用到接近極限時，頭部很容易成型。資金水位對於股價的決定性，更甚於本益比的影響力。

單純就資金水位來說，從民國 77 年到 89 年這十二年間，台灣金融市場快速蓬勃發展，合法的、不合法的（未上市盤商）金融市場規模急速擴張膨脹，僅就合法的集中市場來看，其增長速度就遠遠大於經濟成長率及總體國民生產毛額，台灣證券交易市場在過去短短十二年的時間內，透過上市公司在集中市場增資以及新上市上櫃公司的模式在集中市場掛牌，已使台灣整體證券集中市場規模大幅度的膨脹 3.65 倍，同期比較經濟累進成長率卻僅有 1.78 倍，國民生產毛額累進成長率也僅有 2.06 倍。

圖 12-1 列出的是從民國 77 年到 89 年十二年間台灣相關數據的累進成長線型趨勢比較，內容包括：(1)經濟成長率；(2)GNP 成長率；(3)上市公司資本總額；(4)上市股份市值總

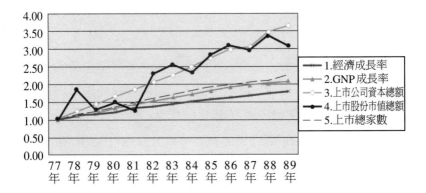

圖12-1　77-79年台灣股票市場與經濟累進成長率比較圖

額；及(5)上市總家數等五種數據，以民國77年為1當作底，累
進推算每年成長位置，圖中可看出與上市公司資本總額快速竄
升相比，經濟成長與GNP成長都只是緩步攀升；另外一點特別
值得注意的是，上市股份總市值成長幅度與上市公司資本總額
成長幅度在88年前是幾乎同步成長，直到89年才出現背道的衰
退狀況。其同步成長所代表的意義是整體的資金投入集中市場
的總額或比例比起78年的萬點行情時，其實仍呈現大幅累積上
揚的局面，也就是說泡沫水平更高，離市場資金極限是更為接
近。這個數據圖表也完全推翻了一般分析師所言，89年的萬點
行情資金使用水位遠低於民國78年時12,682點時的資金水位，
他們是用本益比的水準來論斷這個狀況，並依此推估出股市上
看25,000點的荒謬言論。他們忽略了整體資金持續投入累積的
往上推升的事實。圖中有一個現象特別值得注意的就是，88年

到89年間的上市公司資本總額與上市股份總市值成長幅度呈現首度背離的現象，這個現象讓我們可以提出合理的懷疑，就是88到89年間出現了台股可用股市資金用罄的泡沫水位，而導致了89年的大崩盤，市場再也沒有足夠的可用資金來支撐了，這個懷疑很可以解釋自由落體的崩盤走勢。

　　簡單的說，市場信心並非空頭的主要原因，即使社會大眾認同當前本益比水平已達到過低的水準，市場缺乏資金時，也是回天乏術，現金台股似乎遭遇如此的困境，無怪乎儘管現在新政府一再信心喊話，祭出所有可能的撒手鐧來圍堵空頭言論、更積極的召開海外招商說明會來促銷台灣金融環境、一連串的拯救財經會議等等營造多頭氣勢，企圖挽回群眾信心的行動，股市卻依然欲振乏力，頻破新低，面臨前所未有的危機，其實問題很簡單，信心不是主要的原因，如果根本就沒有弄清楚生病的症狀，如何能對症下藥呢？

三、本益比帶來的泡沫即將幻滅

　　既然經濟成長速率不及股票數量的增長膨脹速率，試問這些多過於國民生產總額及經濟成長實力可以支撐的證券市場股票其所需要資金活血從何而來？答案彷彿已經呼之欲出，當然是去搶食其他既有股票的潛在資金來源，影響所及，整體集中市場賦予個股的平均資金水位自然而然會隨之降低，所以集中

市場的每股平均市值也會跟著越來越低。以白話的方式來解
釋，就是吸金機器的製造上市速度，遠快於資金鈔票的印製速
度，衝擊的結果就是每台吸金機器可以吸收到的資金，自然逐
漸減少。無怪乎這十幾年來，我們上市公司的平均每股市值是
呈現逐漸滑落的趨勢。除了每股市值外，最能反映股票市場個
股的平均資金水位的指標工具就是本益比，在股票多資金少這
樣僧多粥少的情況下，本益比逐年漸漸降低是自然而然的現
象。這樣是不是讓我們比較可以理解為何到了千禧年的空頭市
場，台股會出現 14.84 如此低水準的平均本益比。（**圖12-2**、
表12-1）

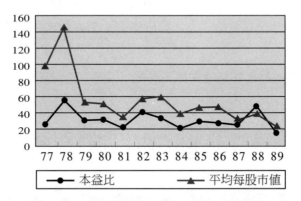

註：88年多頭的47.73高本益比，其實是因為當年度過差的經濟表現所導
　　致的低平均每股獲利的低基值（EPS＝0.8為歷年最低）所影響，並
　　非多頭反彈造成的本益比回升，換句話說，如果當年平均獲利是處
　　於平時的水平狀態，就會看出本益比仍呈現滑落現象，因為其平均
　　每股市值並未超越前波高點。

圖12-2　77-79年台股每股市值與本益比比較圖

　　尤有甚者，在此還必須附帶說一點，就是以上所擷取的上市公司資本總額資料僅限於集中市場上市的股份，並未包括上櫃及未上市盤商報價的公司股份在內，然而論到吸金效應時，只要去看看上櫃公司及未上市盤商報價的公司股價狂飆的模樣，你應該就會體認到，這兩個機器的吸金效應可是一點也不遜於集中市場上的上市公司自己膨脹加入吸金的新股份。所以股市可用資金用罄一說，是非常可能發生的。

　　我有另一種想法，其實實質存在的可用資金早已用罄，並不是在千禧年的崩盤時才用盡，而最近幾年持續堆上來的資金

表12-1　上市股票每股市值、本益比、報酬率及一年定存之比較

年	平均每股市值	平均每股盈餘	本益比	持有股票年投資報酬率%	一年定存平均利率%
77	98.47	3.21	26.60	3.76	
78	146.55	2.95	55.90	1.79	
79	52.96	1.95	31.10	3.22	9.52
80	51.63	1.95	32.10	3.12	8.26
81	34.60	1.77	22.85	4.38	7.87
82	57.76	1.53	40.99	2.44	7.59
83	60.70	2.26	33.52	2.98	7.29
84	38.57	2.03	21.31	4.69	6.73
85	46.28	1.48	29.01	3.45	5.98
86	46.92	1.73	27.04	3.70	6.03
87	31.15	1.20	26.14	3.83	5.44
88	38.16	0.80	47.73	2.10	5.03
89	22.49	1.52	14.84	6.74	5.03

資料來源：台灣證券交易所、金融統計月報。

可能根本就是信用擴張的泡沫循環資金（不存在的泡沫資金），這是很危險的，崩盤只是一個導火線，把已經搖搖欲墜的沒有鋼骨支撐的摩天大樓一夕震垮，如果情形是如此的話，投資人就要小心了，這次的崩盤，可能就不會再像前面幾次那樣，那麼容易就又漲回萬點行情，千萬不要期望過高的搶反彈，因為很有可能三年甚至五年內，都很難有解套的機會。

　　可悲的是現在市場分析師看到這一層影響層面的人幾乎沒有，雖曾有分析師提起過我們股票市場資本總額增加速度快於經濟成長率，但卻無人針對其本益比的影響做出探討分析，他們一味的拿現今本益比水平來跟過去多頭行情時的本益比水平作比較，試圖說服投資人，目前是處於低本益比水平的狀態，值得投資，等待多頭來臨時，回復到過去多頭的高本益比標準，就可以大大獲利。這都是他們一廂情願的想法，他們完全忽略了資金水位的效應，及本益比長期趨勢往下的事實。這樣錯誤的認知，就是為什麼這次受傷會如此慘重的原因，如果你還不相信目前我們的可用資金極限僅能到達萬點，而還在期待15,000點，或20,000點的到來，那麼股災很快又要再降臨到你身上了。

　　再從世界其他國家看待本益比的角度來審視台灣現今的本益比狀況（圖12-3），其實台灣同日本一樣是處於高本益比水位的國家，原因是我們同樣經歷過有別於其他國家的經濟快速成長期，這樣得天獨厚的利多背景刺激，是驅使股市推向泡沫高峰的最大原動力，然而當這個經濟成長的利多刺激因素不在

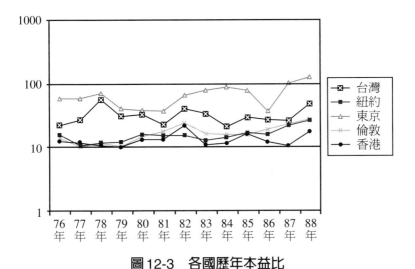

圖12-3　各國歷年本益比

時，維持本益比處於高檔的支撐力道也隨之消失，平均本益比也就如同股價一樣，在公司獲利衰退後一洩千里。

耶魯大學經濟學教授羅勃‧席勒（Robert J. Shiller）在其《非理性的繁榮》（*Irrational Exuberance*）一書中，也對本益比的危機提出了他的見解，以下是他到台灣訪問時，對此見解發表的談話內容，提供給讀者做參考，非常值得我們作為警惕。

問：你對於美股前景如此悲觀，可否談談你的主要理論依據？

答：我主要是比較過去一百二十年來，道瓊工業指數（標準普爾綜合股價指數）的本益比（經過通膨指數修正

值）與企業獲利之間的關係，以十年的平均值來分析其間的相關性。統計顯示，過去這一百二十年來本益比達高峰者有三次，分別在1901年（本益比為25.2）、1929年（本益比為 32.6）、1966年（本益比為24.1），但是從來沒有像現在超過40以上，因此我認為目前美股價格被過度高估。

從歷史經驗來分析，最接近目前道瓊工業指數本益比水準的是1929年股市大崩盤時期，那一年股市崩盤後一直盤跌，直到1932年6月達到谷底，跌幅達 80.6％，而道瓊工業指數並沒有馬上反彈回升，直到1958年12月才回升到1929年9月的水準。

統計1929年美國股市崩盤後五年的平均報酬率為-13.1％，後十年的平均報酬率為-1.4％，後二十年的平均報酬率為0.4％。以目前美股本益比的水準來看未來十年的發展，實在很難令人樂觀。

四、本夢比 —— 比本益比更加瘋狂的發明

在千禧年開始之初，時值網路股泡沫的顛峰，資本市場上出現了一個新名詞 —— 本夢比，一個比本益比更加瘋狂的股價評價工具。相對於本益比之植基於每股獲利的倍數來計算股價的方式，本夢比是以每股作夢的倍數來計算股價應有的價位，

夢的本身就已經是膨脹過的東西，如果再乘上倍數，其瘋狂泡沫的程度，很難令人想像當時的市場上是普遍可以接受的。顯然本益比這個誇張的工具，已不足以應付市場瘋狂的追價態勢。因為依本益比的觀念，公司至少要有獲利能力做基礎，投資人才有憑藉來計算願意付與該公司之投機價位。如果公司營運獲利不佳，獲利呈現虧損，那麼每股盈餘為負值時，乘上本益比，股價會同時呈現負值，你我都有認知，股價最壞只能是趨近於零，不可能會有負值交易的狀況，所以計算出來的負值股價是沒有意義的。

　　然而對於新興網路公司而言，在大家拚命想搶作市場佔有率第一的觀念驅使下，都把獲利目標擺在若干年以後，以至於浮在檯面上的新興網路公司，每家公司都是呈現拚命燒錢的態勢，幾乎找不到幾家是有賺錢的，可能連營收都沒有，毫無獲利能力可言，負值的每股盈餘乘上本益比，得到的是負值的股票價值，可以想見本益比理論在此根本派不上用場，無從計算股價投機價位。既然傳統的本益比的股價評價方式已不適用於網路股，市場分析師為了讓其股票市場狂飆的投機價位找到合理的解釋及理論工具，並藉此用來鼓勵散戶多加參與，於是新的網路股的評價方式紛紛出籠，在評估網路的價值模式中，出現了三種常用的方式，分別是 page view（瀏覽頁數）、上網（註冊）人數與營收成長模式，另有現金流量法在美國網路股崩盤之初才被廣為使用，這些新發明出來的股價評價模式，市場為它取了一個本夢比的名稱，以別於傳統所使用的本益比。

"Vision" 這個當時在股票市場上經常被提及的名詞，已成了股票族朗朗上口的時髦名詞，隨便問一個號子裡的投資人，他都可以告訴你，「投資股票買的是未來，不是現在。具有願景的公司，才能得到投資人認同，股價才有能力飆漲。公司經營者必須要有願景，具有未來觀，才是值得長期投資的標的。現在賺錢的公司並不代表未來也同樣會賺錢，相反的現在賠錢的公司，也不要忽略其未來賺錢的潛力。」當時的市場幾乎是傾全力在那些虧損累累的公司中尋找具有未來性的投資標的物，而完全忽略了默默耕耘已久，並已見績效的公司。資金一窩風的追逐那些具想像能力描繪美麗未來願景，卻無營運實力讓公司得到實質獲利的新興網路公司，其股價竟然都可遠遠超過本業經營良好，每年穩定獲利的公司。從美國道瓊與那斯達克兩極化的表現，我們不禁懷疑，千禧年的股票市場是否被下了魔咒，做出如此反常的演出。

五、本夢比眞的有公式 —— PE Ratio vs. PR Ratio

對的，本夢比眞的有公式，不要懷疑！瘋狂的市場，什麼瘋狂不合理的事都會發生。

相對於本益比（PE ratio）的公式「股價／每股盈餘」，本夢比（PR ratio）公式是「股價／每股營收」。

對於了解財務管理或是公司運作的人都會有這樣的懷疑，每股營收怎麼能做為評價一家公司價值的標準呢？公司營運能力的好壞，表現在毛利率上是有天壤之別的，好的公司毛利率可以達80％，那麼其營收可能高達80％會是公司獲利，但有些公司毛利率可以是只有2％至3％，若再加上營運成本過高，獲利率連續幾年賠錢是常有的事。所以很不能理解，每股營收怎麼能當作評價股價的標準呢？當時市場的瘋狂程度可見一斑。

PR ratio其實在台灣大部分的投資人眼中可能還很陌生，可是在創投業卻已相當盛行，其來源也是源自於美國創投界，承銷商在計算網路股股價時遇到瓶頸所發明出來的計算方式，因為那斯達克的飆漲，帶動此計算公式被普遍運用與接受，你可以想見，連這些被認為是財務專家的創投界基金經理人都可以接受這樣的不合理的公式，我們除了用是「被施魔咒的市場」來形容當時的狀況，還有什麼更合理的說辭可以解釋。

六、房地產的泡沫

社會的投資人在股市榮景時，資金飽滿，轉戰房地產似乎是很自然的群眾心態移轉。所以股市泡沫後，房地產泡沫接踵而至，在歷史紀錄中已形成新興市場一貫的發展模式；尤其是在地窄人稠的亞洲國家，炒作房地產的情況更是盛行，從日本、香港、台灣到上海，以及未來的廣大中國大陸內陸，是大

家可以期待的。

　　台灣房地產的泡沫高點應該是發生在民國79年股市崩盤時，與股市連動現象相當明顯，所不同之處，股市崩盤後，整體加權指數依然循環反彈了數次，而我們的房地產卻是一蹶不振，持續盤跌了十年不見起色。假設房地產可以像股市這樣，以急跌的方式見底，那麼房地產的春天可能很快就會來到，可惜的是房地產的高金額特性，讓每筆的交易都需要較長考慮時間、議價與籌款等步驟來完成交易，所以很難像股票價格一樣以暴漲暴跌的模式表現，當它慢性攀爬到高峰後，就只能以相同的慢性盤跌方式下挫。

　　為什麼我要做出房地產急跌這樣的假設，原因是營建業是火車頭的工業，可以帶動百業的興盛，房地產不振，影響內需經濟甚鉅，也影響市容及社會生活機能更新，最終影響的是我們的生活品質。如以經濟學上的供需曲線決定價格的理論來看，顯然台灣房地產還需再降價，才可以刺激並擴大消費需求。如果我們的營建業可以像電子業這樣薄利多銷，蓬勃發展，我們的都市更新、生活品質的提升，都可以更快速的進行。若以台灣目前的經濟實力，國民平均所得水準來看，比較起其他國家，很多人可能都有相同的感覺，就是我們目前的生活環境水準其實是略嫌低落的，原因就出在居高不下的房價。這就是泡沫帶給我們不合理的實質待遇——生活水準的低落。

　　然而政府為了維護金融機構不要因為壞帳而出現連鎖倒閉，不願見到房地產迅速滑落，因而對房地產進行人為干預，

低利率房貸方案不斷出籠來刺激房地產景氣，這是治標不治本的方式，結果是使得更多群眾跳進來住進房地產泡沫下的套房，低利率房貸用完後，房地產依然持續低迷。我們把未來二十年，甚至三十年要消費的金額，提前用完了，用在房地產泡沫上，這樣的泡沫更是造就了金融機構逾放比偏高，潛藏金融危機的罪魁禍首。

以財政部公告89年6月的統計，全體金融機構實際的逾放數字約8,500億，其中附有不動產抵押物的逾放金額佔總逾放金額的比例推估當在60％，及5,100億。台灣與日本相同，民眾習慣使用貸款來購置房地產，以台北市的房價為例，一棟三十坪的公寓，需受薪階級三十年所得，與日本相仿，然而在美國受薪者平均花費5.9年至6.5年所得即可購屋，台灣民眾習慣背負二十至三十年的房貸來購屋，當經濟不景氣來襲，房地產跌價時，民眾無力償還貸款，或不願償還貸款而將抵押之房地產套給銀行的比例會攀升，那麼如同股市的預期下跌心理同樣會發生在房地產上，惡性循環下，房地產極容易出現重挫，金融機構的不良債信又會攀升，嚴重惡化國家經濟體質。這樣的悲觀預測並非空穴來風，因為這樣的情況在1997年的亞洲金融風暴後，已陸續在韓國、馬來西亞及泰國等亞洲國家上演。他們採取由AMC處理不良債權與逾放比率之情形，事後是演變成逾放比攀升，房地產腰斬，原因是AMC將不良債權的房地產抵押品大量流入交易市場，並以低價快速求售，此舉一方面造成房地產市場行情被破壞，也對市場預期行情信心形成衝擊，惡性

循環下，導致房地產的崩跌。台灣政府於民國89年11月通過金融機構合併法，其中規定金融機構呆帳可交由資產管理公司（以下簡稱AMC）處理，有此法源依據後，得以協助金融機構解決目前逾放比率過高的問題，屆時國內房地產是否會如預測像亞洲其他國家一樣，發生腰斬或暴跌的情況，台灣民眾當有所警惕，作為借鏡。

房地產泡沫在其攀爬的過程中，全體社會的平均財富均跟著水漲船高，於是一夕致富的所謂的爆發戶人口急速攀升，舊有社會的純樸刻苦、勤奮努力的特性與價值觀隨之瓦解，過多的人得到突如其來不憑勞力而獲得的財富，侵蝕了很多人的鬥志，而喪失了危機意識，台灣社會在房地產泡沫後的今天，存在著太多坐享其成的新地主，他們不需要工作，靠著豐厚的房租收入，過奢華的生活，這都無所謂，但是過高的房租水平，轉嫁到商業營運成本，越來越不具競爭力的出口商品，及過高的物價水準，我們經常聽到的國際大都市物價水平排名，台北都是名列前茅。眞是所有的苦難後果都是由後代子孫去承受，前一代營造出來的高價位房地產，害我們這一代要辛勤工作來背負三十年房貸來取得太過狹小，不符合人性需求的居住空間，並承受過高的物價水平，我們把辛苦賺來的薪水全部貢獻給房地產泡沫，社會雖已將這樣的現象視爲理所當然，可是好景不常，更可怕的事還在後頭，泡沫崩跌後，引發的經濟蕭條，失業率攀升，會讓我們不僅沒有工作，還付不出房貸，會不會被斷頭，走上負債一途，我沒有危言聳聽，因爲這樣的情

形確實在東南亞國家的金融風暴故事中，血淋淋的上演。希望全體國民能督促政府，不要再想盡各種刺激買氣的方式來拱住高房價，因其處心積慮拱住的是沒有實體的泡沫，遲早會破滅，破滅後，傷害的將是全體社會大眾，只有讓其自然落底至合理價位，回歸自然市場供需機能，買盤就會進來，房地產的春天才會再來，也才是全民之福。

七、電子股的泡沫

　　鑑往知來，國壽的歷年走勢最可以用來觀察今日的電子股走勢，在民國78年與79年那一次的台灣股市多頭行情中的模範生股王國壽，在當時最高點曾觸及1,975元的天價，本益比高達231，想像一下，一張股票價值1,975,000元新台幣耶！這個價位迄今無人能打破，而其1,500元以上的高價，也維持了三年，從77年年中到79年年中，時間長得足以讓大股東盡情出貨，在79年以後，先是暴跌，然後開始盤跌，以圖12-4的月線來看，很明顯的，股價跌了十年，跌破起漲點，再破底。

　　舉出國壽的例子，是想要投資人用它來作為警惕，小心未來電子股的走勢。若以財務報表獲利情況來看，當時77年至79年的國壽確實是屬於獲利的顛峰，尤有甚者，當時還處於未來十年穩定高獲利的觸發點，以股市反應未來獲利的特性情況下，當時股價一舉把未來十年的獲利反應完畢，似乎也天經地

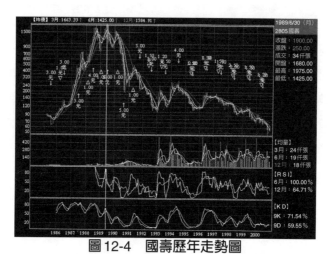

圖 12-4　國壽歷年走勢圖

資料來源：財訊網站。

義。而其後國壽確實也維持了十年左右的穩定高獲利。（**表12-2**）國壽這樣好的模範生，其實在現今的電子股裡面都很難找到，鴻海、台積電算是難得可與之媲美甚至有過之而無不及的例子。其餘的公司，雖然整體讓我們感覺到好像常常有超高獲利的消息傳出，像每股獲利5元、10元、20元的公司常常聽到，甚至86年時還有30元、40元的每股獲利的公司浮出檯面，可是當你仔細去審視時，你很容易就發覺，你是掉入其百年難得一見的陷阱中，說百年也許太誇張，但是當今電子股中常常是去年賺10元，今年賺1元，明年開始大幅虧錢的例子，藍天、力捷、天揚等等都是很典型的例證。

　　我們從歷史經驗法則來看，公司要長期處於高獲利狀態是

表12-2　國壽歷年財務表現

年度	股本	營收	每股營收	稅前盈餘	每股稅前	稅後盈餘	每股稅後	每股淨值	現金股利	盈餘股利	公積股利

國泰人壽保險
單位：新台幣千元（除每股為元外）

年度	股本	營收	每股營收	稅前盈餘	每股稅前	稅後盈餘	每股稅後	每股淨值	現金股利	盈餘股利	公積股利
79	6,413,000	113,907,000	177.62	4,750,000	7.41	4,185,000	**6.53**	19.61	1.00	5.00	0.00
80	9,619,000	129,180,000	134.30	5,181,000	5.39	4,497,000	**4.68**	16.17	1.50	3.00	0.00
81	12,504,000	147,136,000	117.67	6,017,000	4.81	5,345,000	**4.27**	16.71	1.20	2.50	0.00
82	15,630,506	169,750,360	108.60	9,084,364	5.81	8,089,009	**5.18**	17.53	0.00	4.00	0.00
83	22,009,483	199,163,399	90.49	10,684,304	4.85	9,864,977	**4.48**	16.93	1.50	2.00	0.00
84	26,411,380	222,587,108	84.28	11,668,184	4.42	10,660,286	**4.04**	16.83	1.50	1.50	0.00
85	30,373,087	243,111,107	80.04	12,920,743	4.25	10,416,773	**3.43**	16.71	1.50	1.50	0.00
86	34,929,050	278,320,156	79.68	20,806,459	5.96	18,462,598	**5.29**	18.46	2.50	2.00	0.00
87	41,914,860	310,807,337	74.15	17,796,230	4.25	14,998,874	**3.58**	16.81	1.50	1.50	0.00
88	48,202,089	319,416,868	66.27	18,074,451	2.29	14,918,427	**3.09**	16.36	1.50	0.12	--

資料來源：鉅亨網。

非常不容易的事情，中國道家有一句名言「物極必反」，這是宇宙間物理狀態的自然法則，用來觀察公司營運、股價表現，依然不超脫這個自然法則。其實這也跟景氣循環有關，我們很難看到市場上有某項產品可以長期處於供不應求的高毛利狀態，總是在出現供不應求時，市場自然的機制會有新的競爭者加入戰局來分食大餅，惡性競爭下，被迫因而將其毛利往下壓低，所以不管在何種產業，當公司處於獲利高峰期的時點時，殘酷的事是其很快就會要面臨獲利率的迅速滑落，這是商業競爭的自然法則，看透這樣的法則，投資人就要有居「高」思危的觀

念，所有處於高獲利、高股價的股票，可能很快就要面臨腰斬再腰斬的命運，我們從這幾年的股王國壽、華碩、禾申堂的走勢命運，應該得到警惕。

　　股價是仰賴市場投資人的信心堆積出來的，股價可以飆升到接近百元，甚至千元的天價，當時的時空背景，必然是所有良好的條件一致配合，首要必備條件就是公司必定處於獲利高峰期，然後配合條件為經濟環境處於快速成長期，股票市場處於多頭的樂觀背景，放眼看去一片榮景，情緒沸騰的最高點，投資人很容易就像是被催眠一樣，眼中只看到利多，看不到隱藏在背後的危機，不知不覺的跳進各種股市裡被包裝過的陷阱中，慘烈犧牲成了最後一隻白老鼠。要避免自己成為最後一隻白老鼠，投資人切記勿盲目輕信高股價、高獲利、高本益比的三高股的價值。現今股票市場中的電子股族群中，充斥了高獲利、高股價、高本益比的三高股，往往也是投資人的目光焦點，集三千寵愛在一身，可是如以長線投資的觀點來看，它們卻都是屬於高危險族群。不信你可以去問問那些喜歡買這種三高股股票的投資人，聽聽他們慘賠的經驗。

　　現在投資人大概都有一個根深柢固的觀念，只有買電子股才會漲，買傳統產業股就會賠。大家又犯了一個只相信眼前看到的事實，不去深究背後的原理的毛病。因為你只看到電子股漲，所以你只相信電子股會漲，你只看到產業股跌，你就相信產業股只會跌不會漲。你不去深究股票漲跌背後實質的價值何在，你就看不到物極必反的原理。我們想問問那些操作電子股

的投資人，電子股很會漲，但是你買電子股賺到錢了嗎？追高的下場，就是成爲主力大股東的俎上肉。2001年開春以來，在大家都還來不及從空頭的肅殺氣氛反應過來的情況下，傳統產業股中的雞蛋水餃股，靜悄悄的翻了3至4倍的大有人在。物極必反，才是投資人需要掌握的法則。

八、一場遊戲一場夢的網路股泡沫

　　還記得沒多久以前，當網路股正在狂飆的時期，公司名稱只要掛上.com的頭銜，等於取得快速吸金執照，即使網站虧損連連，仍有一大票創投或財團抱錢排隊認股，華爾街股市更是推波助瀾的將股價層層堆砌至高達上市價格的10倍至100倍，許多投資人把「買虛不買實」、「買軟不買硬」當作購買網路股的操作圭臬，本夢比這個浮華不實的公式也在此應運而生，當時沒有人居「高」思危，一心只害怕沒有追往錢潮的方向，擔心自己來不及成爲下一個微軟或是英特爾。

　　在這股「瘋」潮下，網路公司的商業運作出現了一些光怪陸離的現象，爲了吸引投資人的目光，可以不在乎營運獲利，不惜成本的燒錢支出，完全違反傳統商業運作的基本原則，有的網站花大錢在全國電視上宣傳沒有任何意義的廣告，有的不惜斥資花錢請投資人來瀏覽網站，只爲了增加瀏覽人潮，打響知名度。傳統的商業運作裡花錢作廣告打響知名度吸引客戶來

消費，一定是有商品可賣，期待可以賺回並超過其所付出的廣告促銷成本；而網路公司打響知名度只是為了增加人潮，搶佔空洞的市場佔有率，根本無商品可賣，甚至有些網站還白白送錢給你，要你介紹親朋好友到其網站逛逛，這樣的商業行為，真的是令人匪夷所思，這麼愚蠢的事，每家網路公司都在做，而每個投資人都接受，還願意花大把銀子投資這種公司，因為他們膽敢大言不慚地說，我們有夢想，計畫在未來五年、十年內要成為網際網路的微軟、英特爾，可是在開始計畫之前，我們必須先打拚出市場第一響的知名度。好偉大的夢想啊！所以市場上也賦予他們高本夢比的待遇。

　　無可置疑，網際網路是二十世紀末的人類對人類文明歷史的一大貢獻，它的地位等同是另一場工業革命，好像過去的電力、電話、汽車、航空等等重大發明一樣，即將改變未來人類的生活方式，也將是主宰新世紀人類社會最大的生活支架，它的影響無遠弗屆，它的美麗遠景，充滿想像，非常值得期待，就是這股特有的魅力，外加上人類社會前所未有的資本市場蓬勃發展，與長久和平帶來的旺盛經濟成長力，這樣天時、地利、人和恰巧交錯的特有時空背景，觸發了這場一發不可收拾的瘋狂追逐的集體自殺遊戲。

　　網路夢想帶給股市的氣氛已經從貪婪進入恐懼，網路科技股過度發燒所引爆的股災，對世界經濟、人民的生計造成嚴重的打擊，首先我們看到美國那斯達克由去年高點的5,132點跌到今年的最低點1,619，短短一年內指數跌了七成，網路股更是多

數跌到不到十分之一的價格，包括美國最大的網路書店亞馬遜書店（Amazon），雖然營收年年成長，但是虧損卻是逐年擴大，股價頻頻重挫，從1999年股票分割後的最高點127元跌至2001年初的8.10元，還有專門出售電腦軟體的美國Beyond.com電子商務網路公司，2000年上市股價每股37元美元，現在只剩1.71美元，而最具代表性的例子是Etoy.com，股價從每股100美元的最高峰，跌到下市前的0.07美元，最後宣告結束營業，為數眾多的網路公司紛紛下市並且關門大吉，至於投資網路股的投資人，根本就是血本無歸。以下是Etoy.com宣告結束營業的新聞剪輯：

剪報資料庫

收集日期：2001/02/07

中央社 2001/02/06

電子商務網站Etoy.com宣告將結束營業

（中央社記者褚盧生洛杉磯五日專電）美國的大型電子商務網站Etoy.com今天宣佈，由於公司資金即將用罄，勢將結束營業。

總部設於洛杉磯的Etoy網站今天正式告知旗下三百名員工，目前公司所有的資金只夠維持營運到今年三月底，屆時如果沒有新的財務來源，除了宣告倒閉，別無他途，而公司也將從那斯達克指數除牌。

網站發言人表示，如果要維持公司正常運作，必須及時注

入大筆資金，但是，自從一月份公司財務告急以來，迄今仍沒有財團表示願意給予援手。

　　Etoy網站目前正在全美各地進行拍賣活動，有些商品的清倉價甚至比原價低75％。

　　目前公司方面仍不放棄與它的財務顧問——紐約的高曼證券研商可能的生路，包括出售資產以及由別家公司併購。

　　而這樣的股災還在延續，已經從最初的網路禍首蔓延到高科技產業，似乎還有燃燒到傳統舊經濟產業的趨勢，現在還看不出來何時才會停止。依前文席勒訪談的內容中提及的歷史經驗來看，1929年的股市大崩盤後，美國股市盤跌了三年才見底。而美國網路股這幾年過度發燒的狀況，一直都是美國政府關心的焦點。美國聯邦準備理事會主席葛林斯班早在1996年12月對股市投資人提出警語「目前華爾街存有一種非理性榮景」，距離葛林斯班的談話三年半後，美國的那斯達克指數又漲了61％，到達5,132點，才作頭反轉，開始崩盤走勢，可以想像這些新經濟概念股的泡沫水位是如何的「高處不勝寒」。

　　站在二十一世紀的開端，我們回過頭去環顧二十世紀末，人類社會所歷經的網路泡沫洗禮，浩劫餘生後的心情感受，有一首歌名可以很貼切來形容，「一場遊戲，一場夢」。我相信若干年後，我們的後代子孫在面對這一段資本市場荒誕不經的歷史時，一定也會非常不能理解，為什麼網際網路會有如此無遠弗屆的力量，彷彿印證了神對千禧年的末世預言，被暫時釋放

的撒旦，化身爲美麗的妖精，運用強大的魔法，對世人撒下墮
落的詛咒，催眠了人類社會，讓所有群眾爲它癡狂，瘋狂的迷
戀，傾家蕩產又耗費精神的盲目追逐，共同走上集體自殺的行
爲，終於在二十世紀末了，魔法被解除。夢境破碎了以後，人
們看到自己一無所有，才恍然大悟，原來只是一場遊戲，一場
夢。在這場群眾集體熱心參與演出的遊戲，耗費了我們太多的
金錢、時間與精神，而追逐到的竟是根本不存在的泡沫。

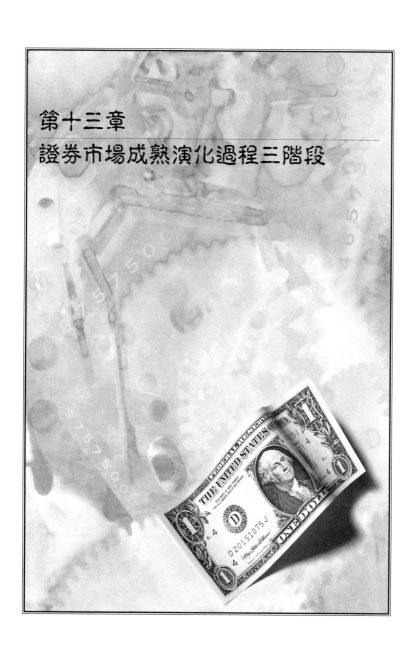

第十三章
證券市場成熟演化過程三階段

　　從一個新的股票市場及其機制被設立開始，群眾對其接受度、認知度與反應度隨著時間的演進、股市的表現、投資人財富變化的衝擊，產生不同的變化與昇華，整體投資人的群體反應產生的變化，投射在股市大盤的表現，為股市塑造了不同時期的特殊性格，我將這樣的特殊性格歸納為三個階段：(1)幼稚期；(2)趨向成熟期；(3)完全成熟期。

　　其實股市還是一樣的股市，法規、機制、原始設立的宗旨與目的，並沒有隨時間的改變而產生多大的變化，可是股市的性格反應度，卻在不同的階段產生絕大的不同性格，原因是證券市場這樣複雜的運作體系與遊戲規則，其實不是一般群眾可以輕易於短時間內領悟並看透它的價值、機制及其操控哲學。從新的證券市場設立那天開始，每個投資人都是從零開始，懵懵懂懂、碰碰撞撞的在這裡面摸索、學習、領悟、成長，整體投資人的階段成長反應在大盤的表現性格方面，有三個關鍵期的重大改變，我就把它歸納為這樣的三個階段。就像人的成長，隨著年歲的增長、社會的歷練、突發事件對心智的衝擊與領悟，演化成對事情的反應與處理態度產生了不同時期的特色與個性。那麼你以外人的身分要來應付這樣不同的性格的個人，就要藉由了解他的個性、特性，以不同的方式來對付他。而股市也是一樣的，它並不是一成不變的，讓你用相同的評價工具、操盤手法，可以在不同時期的股市得到相同的輸贏結果。好比你以過去經驗認定萬點是高點、7,000點是支撐，或者說，本益比50是多頭、20是空頭。這樣的認定標準在同一個性

格階段期的股市可能可以適用，可是跨過了不同階段的門檻，就會嚴重挫敗。

所以這樣的分類並不是針對宗旨、法規或遊戲規則等等硬體環境的改變而作的區分，而是針對其不同階段所具有的特殊性格與反應特性來作歸納分類，讓投資人更能掌握到目前所處位置以思考應該採取的對策行動。畢竟真正能影響投資人權益的是股市的漲跌背後其特殊性格反應，而非其設立的法規、宗旨、遊戲規則云云。

一、幼稚期——零污染的新興市場

在過去（約在二十年前）民智未開的時代，知識是少數人的特權，因為貧窮，每日忙於三餐溫飽的生計工作，無暇也無錢去關心財經變化及股市動向，從來也不理解股票是什麼，更不知道為何股票會漲會跌。剛開始接觸股市大半是因為聽到周圍的人在聊天傳說某某人在股市裡一夕致富，這樣的故事在過去台灣處於起步中的新興市場階段時是時有所聞，其聽來具有震撼性，很容易對人心產生刺激，引起注意，人性自然的反應，對於容易得手的財富，當然不會輕易放過，於是很多人在懵懵懂懂的狀態下進入股市。

其實大部分的人，在剛開始聽說時，可能還半信半疑，不敢相信世間有這麼好賺錢的事，等到故事越來越多了，周圍的

人都在談論著，昨天的一個漲停板，讓他賺了好幾個月的薪水時，你終於相信了、下海了，生平第一次買股票，可是幸運之神並未眷顧你，你才買了幾天，股市就開始崩盤。相信這樣的故事在民國79年時，幾乎是發生在大部分的股民身上的故事，這是典型股票市場的定律，股市多頭風風光光結束在全民運動之後。大部分的人都是在全民運動時才進場，成了最後一隻慘烈犧牲的白老鼠，正符合了股市名言，「行情總在絕望中誕生，在半信半疑中成長，在充滿希望時幻滅」。

這就是新興市場對少數知識階級的魅力，市場上充滿了太多不了解股市機制、股票價值，也沒有危機意識的投資人，即使股價已拉高到泡沫的頂端，仍有為數眾多的股民不明就裡，等待接手。主力在這樣的環境下，真是如魚得水，可以肆無忌憚的炒作哄抬股價，不必擔心後面脫手的問題。

二、趨向成熟期──污染過的股市（賭場特性明顯）

在歷經過泡沫後崩盤後的股市，基本上就是一個已被污染過的股市，我將其歸納為趨向成熟期。所謂污染過，是站在主力的立場來看待，投資人在受過傷害後，心態會改變，變得謹慎些、聰明些，比較不會再盲目追高，心態的改變是循序漸進的，人們不會在一次傷害後，全然的變成高手，但在歷經一而再再而三的挫敗打擊後，一次比一次變得聰明是人類的特性。

所以主力變得不容易操控預測人心。這個時期是屬於投資人的快速學習階段，投資人開始意識到要操作股票獲利，不能盲目聽信明牌，必須學習採用歷史經驗、技術分析、產業分析等等規律法則來衡量預測股價、進行投資操作。於是隨著每個投資人進入股市的年資與理解能力的不同，股市就陸陸續續在不同的時間塑造出一批批操盤高手（散戶族群）推向市場，趨向成熟期的股票市場就變成了一個百家爭鳴的戰國市場，交易熱絡，成交量特大，漲跌的循環日益明顯並且越來越快。四方高手雲集，各顯神通，然而無論如何爾虞我詐，最後戰爭後的結果，贏家勝出還是少數，大部分的高手也是在激烈的競爭中陣亡了，獲利困難是這個階段末期的特色。

　　為什麼循環的時間會越來越快，這跟市場的成熟度有關，越是趨向成熟的股票市場，多頭循環的時間會越快，也就是越來越容易發生暴漲暴跌的情況，原因很簡單，投資人在累積的傷害中，變得越來越聰明，手腳反應越來越機動而明快，他們會在嗅到空頭訊號時，不計代價的殺低求售，在感受到多頭反轉時，一股腦的瘋狂追價，客觀評論，這樣的操作是屬於賭場贏家類型的操作模式之一，因為他們從歷史經驗中學到了，完全掌握股市多空循環的特性，掌握關鍵的轉捩點，才能是市場的贏家。當越來越多人懂得要在低點切入、高點放手的操縱哲學時，就會促使股票市場多空循環特性的反應更加激烈而明顯，所以多空循環時間就會越變越短，過去那種慢慢漲，一漲漲五年、十年的美好光景不復存在，取而代之的是，急漲急

跌，把多頭、空頭應該反應的極限，用很快的時間完成。這樣的特性尤其在越接近趨向成熟市場期的末端，越是明顯。

那麼說到這裡。大家可能就會有疑問了，領悟真理的人越來越多，是不是會賺錢的人就越來越多，在趨向成熟市場期，是不是大部分的投資人都可以獲利了呢？答案是否定的，因為趨向成熟市場期的股市，是一個百分之百的投機市場，當股市仍然處於投機市場時，賭場的特性主宰勝負關鍵，輸家永遠是賭場裡的大多數，所以情況會演變成所有賭徒費盡心思，蒐集資料，分析研判，結果依然血本無歸，尤其在越接近趨向成熟市場的末端時，面對幾乎所有可用資金都套在股市之後的崩盤時，這樣的市場裡已經不會有贏家，這個趨向成熟期的末端，會是耗費眾人的心力、龐大的社會成本，玩一場同歸於盡的自殺遊戲。

三、完全成熟期──死亡後浴火重生的股市將回歸投資市場的本質

在經過一番猛烈廝殺的戰國時代之後，兩個原因讓這個股票市場變成一攤死水：一個原因是市場資金終於用罄，所有人的錢都在股市裡慘遭套牢；另一個原因是人心耗弱，在經歷過太多次的失敗後，市場上佔絕大比例的輸家，終於對這個市場絕望。這是處於趨向成熟期與完全成熟期的關鍵轉捩點，這個時期的市場特色是微弱的成交量，及幾乎沒有波動的股價，以

慢性盤跌的方式頻頻破底，最後在多數股票跌破淨值、股票實質價值嚴重被低估時，終於吸引真正明瞭財務原理及股票實質價值的保守性買盤進駐，進行長期投資。這樣的買盤並不著眼於股價漲跌的資本利得的獲利模式，而是期待公司營運獲利後每年回饋給股東的股利分配之營運利得的獲利模式。當股價跌深至超過實質價值時（可以淨值來看），只要是正常營運並且有持續獲利的公司，投資人可以確定的是，長期投資必然有利可圖。這樣的股市，才是真正的投資市場，擺脫了一直以來給人賭場感覺的惡名與包袱，正好符合股市機制一開始被發明設立時的偉大宗旨，讓具有技術、營運能力良好，及具市場性發明產品的企業，可以透過資本市場獲得企業發展所需資金，讓企業得以成長茁壯，提升社會，造福人群，另一方面也讓社會大眾得以透過這個資本市場，將閒餘資金進行長期投資，藉由參與社會建設的運作而獲利，並共享社會經濟的進步果實。

　　所謂絕處逢生，山窮水盡疑無路，柳暗花明又一村，股市就在經過這樣風風雨雨的淬煉後，走向完全成熟期，浴火重生，將其本質回歸到原始設立的宗旨，一個真正的投資市場功能特性從此展現。（圖13-1）

四、現今台股處境——趨向成熟期末端

　　以證券市場演化過程三階段來看待台股，過去這十年，我

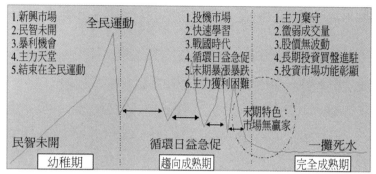

圖13-1　證券市場成熟演化過程三階段

們是走在趨向成熟期這個區間，無庸置疑，我們也實質經歷了這段時期的一些特性表現，諸如多空循環時間越來越短、市場參與熱烈、資本市場蓬勃發展、各種理論學說充斥、投資人積極學習不再盲從等等。然而從民國79年的第一次泡沫崩盤到現在，十年過去了，2000年底到2001年以來，台股的表現有一些反常，我們好像經歷了一些過去不曾經歷過的事，指數自由落體般的連番重挫，沒有像樣的反彈，股票接二連三的連破淨值，再破面額，無力回春，本益比在平均每股獲利處於歷年低水平的狀況下，仍然持續破底創歷年新低，所有市場上專家、主力甚至是大股東全盤皆墨，沒有贏家，任何理論下的預測都頻頻槓龜，技術分析不再具有指標性，種種的跡象令人懷疑台股是否已經走到了趨向成熟期的末期了。

　　末期的特色是市場資金用罄，指數只跌不漲（沒有錢可以接手），趨勢是在修正多年累積成的泡沫，所以市場無贏家，連

大股東這個最得天獨厚的寵兒，都不能倖免於難。我們看看以下這一則關於大股東質設斷頭的新聞剪輯，似乎應驗了末期資金用罄的特色，無怪乎現在台股會有這麼多雞蛋、水餃股，跌破淨值這麼多這麼好的機會，投資人這麼不識貨嗎？當然不是，原來市場根本就沒有錢了，連最有錢的公司大股東都被斷頭了，還哪裡來的資金讓它止跌回升呢？營運正常的公司，其股價跌破面額，代表了連大股東、原始股東這個最大的既得利益者都是輸家了（面額可視為原始股東的成本區），那市場上還有誰是贏家呢？這也符合了末期無贏家的特色，在股價全面修正不再回頭的狀況下，所有在市場裡的投資人都是輸家。

滿手質押股票　銀行頭疼萬分

記者黃登榆／台北

　　金融業者指出，銀行承作股票質押業務，多以傳統產業為主，面對股價無量下跌，銀行斷無可斷，只能繼續收利息，若股票再跌，潛在逾放問題堪慮。

　　近來有多檔個股例如中信、工礦、長谷等，因股價直直落，大股東向金融機構質押股票借錢周轉，在股價跌破押質後被催繳差額，但大股東還不出錢來，只好任由股票被銀行或票券公司斷頭，由於斷頭賣壓沉重，造成股價更加崩跌。

　　因此，證期會日前要求上市公司若申報以銀行斷頭方式轉讓持股，需特別附註揭露說明，至於上市公司在庫藏股買回期間，以銀行斷頭方式申報轉讓，是否構成違法問題，將視個案

情況而定。

　　換句話說，大股東質押股票若於庫藏股買回期間遭銀行斷頭，要看銀行是否在斷頭前事先告知質押股票的董監事，若已事先告知，則責任在質押董監事，若未盡告知義務，責任歸銀行，若銀行告知後董監事仍不增提擔保品，且公司又執行庫藏股制度，董監事將涉及內線交易問題。

　　隨著股市重挫，最近大股東解除質設股票的情況頻繁，並且以傳統產業股及金融股最多。金融業者指出，不能從解除質設的動作，便斷言是被銀行斷頭殺出的，也有部分是大股東不願股票被賤賣，拿出錢來贖回的。

　　照理說，大股東若有錢向銀行贖回質押股票，代表財務狀況還不錯，和被銀行斷頭以致需解除質設的股票相比，從外在看起來同樣是進行一個解除股票質設的動作，意義卻大不相同。

　　證金業者指出，今年來股市大跌，很多傳統產業股價都跌到2、3元，和兩年前本土性金融風暴不同的是，因為很多財團不敢再護盤股票，任由股價下跌，以免傷及根本，但另一層面卻影響到大股東拿股票去周轉的能力。

　　就集保公司的資料，金融機構今年上半年持有的質押股票金額高達6,000億元，這還不包括銀行或票券公司接受現券作為擔保品的部分。第三季以來，股價持續下跌，銀行手中握有的質押股票價格一直縮水，抱了滿手股票，卻想斷也斷不了。

　　一家銀行審查部主管說，有些股票從上百元跌到1、2元，

客戶用股票質押借出去3億元，但銀行現在把股票全賣掉，不過只能拿回幾百萬元，銀行砍股票怎麼砍得下手，倒不如每月按時收客戶的利息，也避免這些授信案轉為逾放款。

證金業者直言，股票若再跌，銀行的問題比較大，證金業較少作集團的股票融資，並且融資標的多半為電子股，因為國內散戶較喜歡買電子股，因此銀行承作的股票質押借款大部分是傳統產業股，這類股票難以處分，市價也已跌無可跌，銀行抱了滿手股票真是頭大。

一些傳統產業股近來不堪股價直跌，考慮向證交所申請下市，對銀行而言，這又產生另一個難題，也就是質押股票的評價基礎改變，若是以股票的淨值計算，可能就沒有質押成數不足的問題，但股票的流動性大減，對銀行也很不利。

最近英國《經濟學人》、美國《商業周刊》等雜誌相繼報導我國金融機構呆帳問題嚴重，其中股票質押問題很大，在股價上漲時當然都沒有問題，若是股價不斷下跌，大股東又沒有能力補足差額，把股票斷給銀行，銀行又在市場上賣出，將造成籌碼過多股價崩跌的惡性循環，金融機構呆帳也跟著升高。

2000/12/10 經濟日報。

所以論及當今台股的處境，我傾向於認為台股現在已走到趨向成熟期的末期，只跌不漲，沒有贏家的地步，2001年7月似乎也出現慢性盤跌的跡象，其實我不是很確定台股是否真的已經走到趨向成熟市場的末期，因為我也無從證實台股的可用

資金是否已經用罄，我只是在這裡針對我觀察到的跡象，提出合理的懷疑，是基於保護廣大投資人的立場所提出，你可以藉以為參考。多一層保護，多一重安心，不是嗎？

第十四章
全新的主力天堂

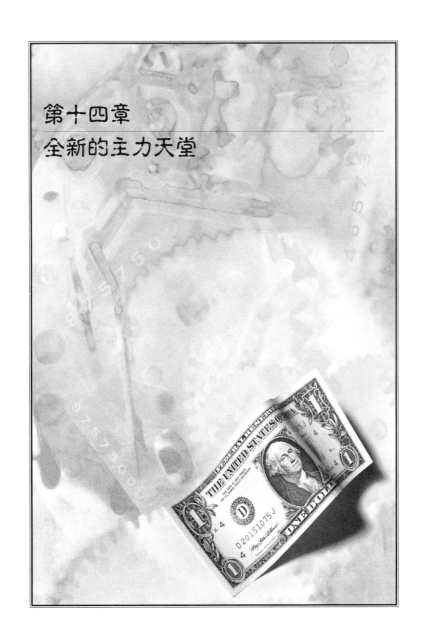

一、多頭啓動三部曲：資金＋景氣＋投機，完成趨於成熟市場多頭的循環

多頭市場啓動的三步驟：觸發於資金行情，續攻於景氣行情，結束於投機行情。如果可以把這三個行情走完，算是一個相當完整的循環，結束後經常是回歸原點（起漲點），這是一個趨向成熟市場期的多頭行走模式；台灣在過去十年中，大概發生四次循環，平均一個循環從啓動，到高點，再到歸回原點，過去需要三年以上的時間，近年來循環越來越快，縮短為兩年，甚至一年半的時間。

以下是實際發生的線型圖（**圖14-1**），正好符合了趨向成熟市場多空循環時間越來越短的特性。

股市由空翻多，多頭的開始，一定要有觸發點的媒介，而其媒介絕非教科書上或經濟學理論上一般提及認同的景氣面，過多的閒置資金才是觸發多頭起漲的幕後推手，我們常常聽到的所謂當M1B與M2形成黃金交叉就是代表資金由定存解約流向活存，流入浮動市場，造成資金過剩，很容易流入股市，造成所謂的資金行情，另外這段時期也稱為是驚驚漲的時期，就是被空頭嚇壞的投資大眾已經不相信股價會漲了，心存餘悸，不敢買股票，股市就這樣在恐懼中慢慢爬上去，你越害怕，它越上漲，這個階段敢去買股票的人稱為先知先覺者，股市裡常說「春江水暖鴨先知」，這些先知先覺者經常都是公司大股東。

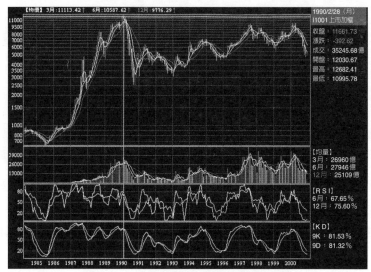

圖 14-1　台股歷年加權指數走勢圖

資料提供：財訊網站。

　　所以資金才是決定股價上漲的最大因素，然而股價漲了一段之後，獲利回吐的賣壓湧現，是很自然的定律，拉回後可否續創新高，或支撐股價在高水準，這個時點才是取決於經濟景氣面的好壞，其代表的是群眾信心的恢復，能夠接二連三的有投資人陸續將資金湧入，這一階段的上漲就被稱為景氣行情，景氣行情中進入股市的通常是主力及一部分後知後覺的散戶，說他們後知後覺是因為他們是在看到股市開始不再下跌了並呈現緩慢上漲後，又聽到報章媒體上開始報導景氣回春利多時，他們才受到刺激而開始有反應，而主力進場則是確認後續有景

氣利多消息可以吸引買盤接手才膽敢決定進場哄抬股價，所以如果沒有景氣行情作支撐的資金行情上漲，充其量只能稱之為反彈，很容易曇花一現。

　　而景氣行情之後呢，由於既有的連續性上漲演出很容易凝聚社會焦點，激發沸騰的情緒，而把市場導引到過度樂觀的情境，演變成為投機行情，市場上有太多後知後覺的人，往往在股價已經漲了一大段之後，聽到左右鄰居親朋好友都賺大錢了，才看到原來股市真的會漲，然後在不明就裡不知不覺的情境下才陸陸續續地進場，所以股價就這樣非理性的狂飆，投機行情如果搭配上良好的時空背景、經濟的欣欣向榮時，會很容易肆無忌憚地一路飆高，走到一發不可收拾的境界，那時那種高處不勝寒的局面，所產生的又愛又怕的情緒，我想大部分股民都曾有身歷其境的感觸，你每天都害怕會崩盤，可是又不甘心看它每天在飆漲，看別人在賺錢，貪婪的心讓你不得不繼續參與這一場賭博遊戲，讓自己活在恐懼與狂歡交相衝擊的情緒中。因為這個任何經濟學理論都無法解釋的投機行情階段往往是股價狂飆最凶悍的時期。那斯達克股價於1996年至2000年初的飆漲，及台股於民國79年時的投機行情都是典型的代表。

二、民智漸開＋景氣＋資金，啟動新興　　市場期空前絕後的超多頭行情

　　在一個新興市場，多頭一旦啟動，漲勢是可以在沒有壓力

的型態上穩健地上揚,沿途鮮少回檔,即使有拉回,遇到支撐後,就會回升,繼續創新高;此時如果再加上經濟前景看佳的背景條件推波助瀾下,攻擊勢必是一發不可收拾,必得用到資金能量的最極限,才會甘願作頭反轉,這樣的極限,通常發生在全民運動後,人手一張股票的盛況,以老鼠會的理論來解釋,就是最後一隻老鼠都上船了,已無下一隻接手的白老鼠可以作實驗,任何一隻想跳船逃跑的白老鼠,都會導致股價下挫,越來越多,想要跳出來的力量共同往下跳,結果就是崩跌。換句話說,就是到達泡沫投機的最極限。所以當它作頭反轉時,泰山崩跌之勢,迅速猛烈是必然現象。民國79年2月,台股創下的12,682高點,可以說是泡沫崩跌最經典的代表。這種用民智漸開加景氣加資金行情所堆積出來的頭部,可以說是集所有天時、地利、人和等利多條件於一身,千錘百鍊塑造而成,所以即使在歷經十年台灣經濟的高度成長,國民生產總額的不斷提升,至今仍舊無法攻破前波高點,由此可以顯見這種獨特條件的魅力有多誘惑人。

現在回頭去看78年前的台股走勢,年輕一代一定會感嘆生不逢時,當時的多頭行情一旦啓動,一路海闊天空,鮮少回檔,就像美國那斯達克這八年的走勢一樣,你只要選擇績優股(而且很好選,射飛鏢的方法投中決定就可以了),放著不動,財富每天增加,你從來也毋需去擔心什麼壓力、支撐、公司接單狀況、新的競爭對手加入市場,不需看新聞,不需繃緊你的神經,放得越久,領得越多,賺錢輕輕鬆鬆。

　　圖14-2是民國65-79年的台股加權走勢圖，圖中所看到的
74-79年的走勢，你是不是看了很羨慕呢？當時的股價幾乎是只
漲不跌的，你什麼功課都不用作，股票買著擺著鎖在保險箱就
好了。

三、歷盡滄桑的股市，失去主力的青睞

　　股市在經歷過幾次的起起伏伏與暴漲暴跌後，散戶變得越
來越聰明，越來越難欺騙；且在逐漸邁向已開發國家的過程
中，群眾對於投資的理論基礎教育也逐漸在累積強化中，越來

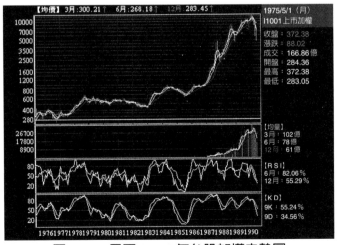

圖14-2　民國65-79年台股加權走勢圖

資料來源：財訊網站。

越多人去鑽研技術分析，去了解主力作價的原理背景，也越來越多的投顧公司分析師在幫助投資大眾做解說，做教育；一個歷經滄桑經過污染的股市，面臨最嚴重的問題不是受傷的投資人造成匱乏的資金，而是變聰明的投資人，讓主力無從套利，一個缺乏白老鼠的實驗，如何能完成，總不能叫實驗師犧牲自己去做實驗吧。所以越是趨向成熟的股市，主力越是容易在裡面栽跟頭，這幾年的台灣股市，其實常常聽到主力被套牢的小道消息。就是股價拉高後，沒有成交量，聰明的散戶不捧場，股票丟不掉，主力手上股票套得滿坑滿谷。無利可圖的情況下，漸漸地主力也喪失了對這個市場的青睞，轉而尋找一個更好的天地。

四、尋找單純無污染、全新的主力天堂

　　不管是舊有的主力勢力，或是那褪色的股市裡培養出來的新生股市生力軍，他們在舊有股市裡成長茁壯，繳交的學費，剛好成就一身操控股市、預測人性反應的功力時，卻遇到股市的成熟期，苦無施展的舞台，這樣的一股力量絕對不會甘於就此歸隱山林，不再遊戲，也不會笨到去攪和舊有的那一攤死水，讓自己命喪黃泉。就像台灣最近幾年的對外投資熱潮一樣，資金永遠會去尋找出路，尋找一個自己認為最有利的地方。對於股市資金來說，單純無污染的股市是資金的最好去

處，主力可以把過去在舊有股市那一套操作模式，全盤整批移植，不需重新包裝，或重新學習評估推測人心反應，原始的群眾人心反應是一模一樣的，對於舊有股市出身的主力來說，那是再駕輕就熟不過的了，一個全新無污染的股市，那簡直就是主力的天堂。

五、資金爲何到大陸？一個全新的股市主力天堂！

要去猜測台灣變聰明的散戶心裡怎麼想，畢竟是一件困難的工作，總不如我們把過去的經驗重新複製學習來得容易。

人類群眾心理總體的表現，在主客觀環境雷同的背景下，其實是會有雷同的現象；背後的原因是，人類的行爲模式上，大部分的人對於一些突發的消息事件，傾向於做出與大眾相同的直覺反應，僅有很少部分的人，會先觀察或者推敲別人的反應來決定自己的動作，而做出屬於獨排眾議的勝算行動。在股市的二八理論中，也反映著這樣的事實。以上的臆測，是很難採用科學數據來作出佐證，因爲背後的群眾心理因素太過複雜，難以採證。然而從很多次股市歷史經驗重演及技術分析理論得以長年屹立不搖的事實來思考，很多嗅覺敏銳的人是會篤信這樣的信仰。

帶著這樣的信仰，一個全新的股市天堂展現在眼前，就是中國大陸。從主客觀各方面條件來看都優於台灣民國79年的情

況。民智漸開＋景氣＋資金，以這三項條件來衡量，客觀條件均大大優於當初台灣的情勢。以民智漸開來說，大陸市場開放得晚，人民對股市的理解程度有點類似五○年代起步時的台灣，雖說現今大陸已培養出一群優秀的、分散各專業領域的高級知識份子，廣大的內陸人民卻仍然處於貧窮與知識封閉的時代；就景氣面來說，目前全世界目光的焦點都集中在中國大陸這一個地區，公認是未來可以取代美國、日本的新興龐大市場，其地位簡直是集三千寵愛於一身；資金匯集更是不用說，來自外地，加上本地新興的資產階級；唯獨美中不足的一點是中國大陸官方對其股匯市之控制，比當年台灣更加嚴厲。然而仍無損其為投機目光的焦點。可以預測的未來，中國大陸的股市，很可能會走出類似台灣三十年前，或者是美國近十年的那斯達克那種一路飆漲的投機行情。主力資金流向大陸，似乎是不可擋的趨勢。

第十五章
本益比式微後的資本市場

一、舊有股市風華褪色

　　一個健康的社會，有能力承受幾次股市泡沫的摧殘？這樣的答案我也不知道。我相信，大家都同意每一次的泡沫幻滅，都會對社會經濟造成嚴重的衝擊與殺傷力，你有可能會反駁，人類社會有療傷能力，可以很快再重新站起來，重新出發，所以股市名言所謂「行情總在絕望中誕生，在半信半疑中成長，在充滿希望時幻滅」的循環會生生不息，一而再再而三重演。

　　我對股市多空生生不息的循環理論持否定的態度，我認為舊有股市在每次受傷後都會留下傷口，傷口會累積擴大，會日漸破壞生理系統，減緩股市的活動力，一直影響到接近靜止的活動力（交易越來越少，高點越來越低）。我要從另一個積極角度來思考這個問題，那就是人類在經歷過傷害後變聰明了，變得知道如何去預防股災的發生，避免自己成為股市裡最後一隻白老鼠，社會的進步和教育的普及是讓投資人學會自我保護的助長因素，試想沒有人受傷的股市，股價如何飆漲，投資人學會在泡沫（大盤指數是一般用來作為判斷指標的工具）來臨前下車，那麼股票如何能走到泡沫水位呢？泡沫水位沒有人接手，主力不再青睞，沒有主力的市場，股價不再波動，這就是我這個標題「舊有股市風華褪色」的結論。就像人的身體一樣，股市會成長，然後受傷衰退，漸漸老去，風華不再。

二、選股策略著重營運利得，勿再眷戀資本利得

那麼是否是說一個風華褪色的股票市場就因此形同死亡了？交易活動就靜止了？失去金融市場的功能了？那倒不是這個意思！相反的，我有比較積極的想法，我認爲歷經摧殘後的股市，它會越來越成熟，由於主力漸漸感受到無法操控並從中獲利，而慢慢淡出市場，也因爲少了主力的投機炒作，股市因而得以回歸到它原來金融市場應有的本質與功能，就是讓有計畫、有技術的優良公司可以在此籌募到公司營運擴展的資金，而社會大眾也可以在此尋找其閒置資金得以長期投資並分期獲利的標的物。這樣一來，公司派大股東也會專心戮力本業經營，少花精神去操控股價，因爲本業已成了他們唯一可以賺錢獲利的依靠管道，那麼我們的上市公司全體獲利率就會因此跟著有所提升，最終嘉惠所有股東投資人。

只是少了主力炒作，股價就不可能再像乘坐雲霄飛車一樣，忽高忽低，暴漲暴跌，一夕致富與一夕傾家蕩產的故事同樣都不會再有，取而代之的是比較確定的緩步上升的長期獲利。

在這樣的時代即將來臨前，要提醒投資人，選股新策略要著重營運利得，勿再眷戀資本利得，如果散戶股東要靠營運利得來獲利，心態上就必須是要長期投資，而且買進價位不能是

以本益比的計算方式計價，因為那很容易買在泡沫的價位，無法解套；必須是以本書所提倡的加減法公式來計算合理的投資價位，才能掌握長期投資的穩定獲利可以實現。

三、獲取營運利得的評價分析模式

所謂加減法公式，其實除了評估與計算合理的投資價位方式不採本益比的乘法方式而是以加減法的方式來計算外，其餘的使用工具與方法維持與現行市場普遍使用的方式一致，也就是沿用現行一般分析師習慣的推算明年、後年，或甚至未來五年、十年的每年每股獲利的方式，然後以現在淨值加上未來各年的每股獲利，來推測未來某一年的股票價值，藉此來與目前股價相比，讓你評估是否值得投資。

（一）加減法分析

例子：華碩電腦
假設條件如下：
目前股價：　　　150元
目前淨值：　　　40元
年度：　　　　　民國90年
分析師推估未來每年每股盈餘（EPS）：

15元／90年，20元／91年，30元／92年，40元／93年，30元／94年，15元／95年

評價方法如下：

1.用加減法得出95年華碩股票的價值為190元。

計算：40元（淨值）＋15元＋20元＋30元＋40元＋30元＋15元＝190元

2.投資五年的獲利為40元。

計算：190元－150元＝40元

3.投資五年獲利率為17.3％。

計算：40元／150元＝26.6％

4.平均每年獲利率。

計算：26.6％／5年＝5.32％

5.與市場定存利率6％相比。

計算：5.32％＜6％

評估結論：投資不具績效，決定不買。

（二）溢價年限分析法

例子：聯強科技

假設條件如下：

目前股價：　　　　60元

目前淨值：　　　　15元

年度：　　　　　　　　民國90年

因為是通路商，獲利穩定，分析師推估未來十年每年都有穩定5元每股獲利（EPS）。

1.淨值報酬率33％，相當高。

計算：5元／15元＝33％

2.那麼你用溢價年限法得出60元買進聯強股票，溢價年限付出了9年。

計算：（60元－15元）／5元＝9年

評估結論：33％淨值報酬率相當高，非常誘惑人，但必須要付出9年的無怨無悔的溢價等待年限，非常折磨人，決定不買。

現在告訴投資人說要使用加減法公式來計算合理投資股價，投資人一定想你瘋了，你不如叫大家都不要買股票算了，因為在他心目中，目前台股唯一值得投資的類股族群電子股，幾乎找不到幾支是可以使用加減法計算價位的。沒錯，目前市場上看起來，公司前景比較理想的公司，行情都還是使用本益比為計價工具在評價，所以我要在此強調三個重點，第一，如果你過去的操作模式讓你歸根結柢就是賠錢，那麼你就該停止這個沒有意義的賭博行為，因為這樣的評價運算模式就是會讓你賠錢的賭博公式，你不應該去理會目前處於不合理價位的股票。第二，檢視股市投資績效，評論勝負應該以長線的角度來看，所以投資策略的取捨也應該是以長線能獲利來考量，否則

很容易犯下今年大賺100萬元，明年大賠500萬的錯誤。第三，
股市要演變到完全成熟市場，並不是瞬間完成，就像股價波動
一樣，作頭之後的反轉，會先經過多空交戰，巨幅波動，然而
一旦頭部形成，趨勢往下是必然的，只是會需要一段時間到達
底部，但無論如何，在抵達底部之前，所有買進股票的人，都
只有慘遭套牢的份。如果你有了這樣的認知，還硬要去闖關，
那就請你自求多福了。

第十六章
結論

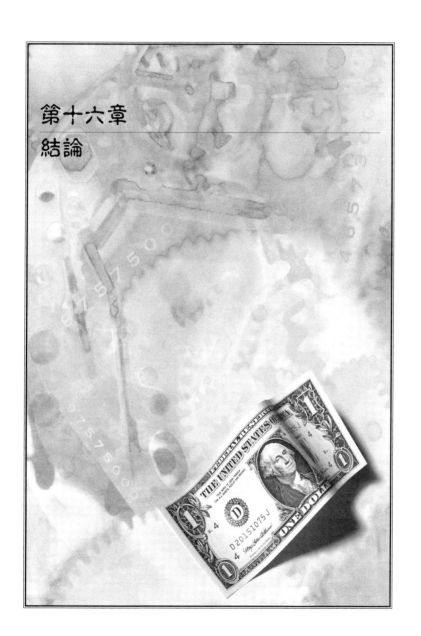

一、健全股票市場下，所有長期投資者都該獲利

　　公司營運有獲利，投資人長期投資也一定是賺錢才合理，就像自己拿錢出來開店做生意，營運有獲利，利潤都歸於你，投資股市也是一樣的道理，雖然你不是唯一的股東，但你也應該分配得到自己那一份比例的營業利益才是，股票市場原始被規劃的功能不就是如此嗎？二十年來，台灣每年經濟平均6％的高度成長，上市公司是被審核評鑑通過的績優公司，平均獲利率更是高於台灣整體經濟成長率。如果今日股市是健全的股市，投資人用投飛鏢方式選擇一籃子上市股票作長期投資，都應該是獲利的。

二、現行股市走勢是完全投機市場

　　如果你是一個信仰長期投資的投資人，卻沒有在股市裡賺到錢，那麼你現在必須要相信，你所參與的並不是一個健全的投資市場，而是一個投機市場，是實質的賭場。因爲大部分長期投資的散戶都沒有獲利，我之所以強調是長期投資的散戶，是刻意要區分出在集中市場買進股票的投資人及公司原始設立時，參與的投資人，前者，我定義爲散戶，後者，我定義爲原

始股東。原始股東是股票市場的既得利益者，而散戶是被坑殺的對象，兩者立場截然不同。

三、投機市場無公式

其實我不能完全篤定地說投機市場無公式，我相信是有的，我也確信賭神在這個世界上是存在的，那是極端聰明的投機份子，懂得去算計賭場中常人所不能理解反應的機率。而股票市場這個賭場，其複雜度絕對遠高於拉斯維加斯的賭局，因為其中摻雜著反覆無常的人性反應，雖然在本文中，曾述及人性有著共通的弱點，在不同的時空，不同的人群背景下，對於類似的事件衝擊，大部分的人會犯下相同的錯誤而不自知，所以就有了技術分析理論的發展，而被少數精明的有心份子利用操控，但我仍不否認，這些被利用的人性，仍然會在錯誤中學習，可能比較慢半拍，但他們終究不會在屢次受傷後，仍然維持一成不變的操作模式，他們可能領悟到或學習到的並非正確的真理，但他們的行為模式會一次一次有所改變，是無庸置疑的。

所有高手在股市，尤其是一個趨向成熟的股市，所要面對的，除了瞬息萬變的消息面、政策面外，還有複雜的人心變化、學習曲線，並必須將其加以分類，歸納成新的公式，來預測詭譎多變的股市走向。這是何其艱鉅的工作，相信絕非常人

可以達到，但我確信，這樣的高手在這個社會上是存在的，上帝創造我們每個人都是不同的，這就是這個世界可愛的地方，你我做不到的事，並不代表就沒有人可以做到，說得這麼多，結論是要告訴你，你我都是普通人，要想理解投機市場的公式比登天還難，所以避免自己成爲高手的俎上肉，不如堅信投機市場無公式。

現在市場上分析師所使用的研究方法，分析工具都是投資市場才適用的工具，把它拿到投機市場上來操作，就像諺語說「海水不可用斗量」，無怪乎分析師、散戶大家頻頻槓龜。

四、本益比的發明是大股東將泡沫合理化的工具

既然海水不可用斗量，你又偏偏只有「斗」這樣的工具，怎麼辦呢？聰明的人運用了人性的弱點，將「斗」神話了，變裝包裝，再加入一些神奇難以理解的定義，抓準了大眾對於無法理解的事，傾向於相信專家的建議，不去用心推究的心態，於是乎「斗」就變成「泡沫」了，「泡沫」可以吹得很大很大，就可以用來量「海」了。

公司的原始股東，更是樂於將本益比這樣的神話推銷給他的客戶，因爲這是他的產品可以吸引買盤的精美包裝，散戶去接手他的股票就是他的客戶，原始股東心裡最是清楚公司價值在哪裡，我才拿出10元，怎麼可以在三年的時間內，變成100

元，而且加上配股，我的每股成本已經降至5元，竟然在三年間，漲了20倍，這真的是太神奇了。

五、預防股災心態建立

與其在股市裡賠錢時，怪政府，怪外資，怪大股東，於事無補，不如自我建立起預防股災的心態。不要隨波逐流，人云亦云，想想過去總統、財政部長、分析師，哪一個人跟你說的話是正確的？每個人還不都是害你賠錢，怪他們有什麼用，他們又不會還你錢，所以下次他們再叫你要有信心，要長期投資時，千萬不要聽信他的話。你要冷靜探討是什麼因素導致你賠錢，要自己有主張、有信仰、有判斷，你才會是股市最終的贏家，那些所謂的專家，其實都是跟你一樣的外行人，跟你一樣在使用錯誤的公式作評價而不自覺。

六、抱持投資態度的人，千萬不可使用
　　投機公式

如果你的心態是長期投資，那你是正確的，是值得被鼓勵的，理論上在股市裡所有長期投資的人都應該是要有獲利才是；但千萬不要使用本益比作為選股工具，因為那是賭徒使用的工具，除非你有著高人一等的智慧，你才有本事去操作它獲

利，我並不否認本益比在某種層面上具有選股指標性，原因是它已被廣大的市場投資人所認同，股價因而會往這樣計算的方向行走，但由於其不合理性，與實質的價值背離太遠，所以操作不易，容易因時、因地、因事件而劇烈起伏，若非有敏捷過人的智力、充足專注的時間，是沒有能力操作它的。

因其本性不合邏輯，它的指標性只能被用來作短線操作，長期投資，不具參考性，因為與本益比搭配用來計算股價的另一個變數——每股盈餘（EPS），波動幅度過大，以長期投資來看，使用本益比變得沒有意義，舉例來看：

假設甲公司今年賺10元，明年賺1元，本益比30來計算

今年股價該為 $30 \times 10 = 300$

明年股價該為 $30 \times 1 = 30$

請你想想，如果你在今年買了該股，情何以堪？理論上公司從賺10元到賺1元，都一樣是賺錢，可是買股票卻是賠大錢，合理嗎？

七、運用投資公式進行投資選股，確保資金安全

過去都是公司派來公佈利多，分析師來解讀，用本益比算法來告訴投資人選股方向，你賠了那麼多錢，還要相信他們比你行嗎？我不否認分析師有其存在的價值，因為他們可為投資人收集資訊，整理歸納，統計出比較好的標的物，這些事情都

是需要付出代價的，然而他們歸納統計的公式錯誤，不足以成爲我們可資運用的指標時，就是垃圾，賣不出去的產品，投資人事實上就是消費者，有權決定使用何種產品，是市場導向的決定者，我們散戶不要輕忽自己的權力，這是一個消費者意識抬頭的時代，我們散戶從今天開始站起來，要求分析師提供合乎我們需求的產品，如果我們散戶可以清醒，可以團結起來，拒絕使用本益比這個泡沫公式，我們一定可以反過頭來驅使我的分析師，正正當當地使用加減法的投資公式來建議我們選股方向，用溢價回收年限來提醒我們對一家我們有興趣的優良公司，我們所能忍受的溢價回收年限是多久，給予我們正確的認知，不要再包裝隱瞞，蓄意欺騙。

對於所有處於泡沫價位的公司，不論公司有多好，多科技化，多國際化，我們一概拒絕接受，不要去買，用正確可以反應實質的股價評價工具，當股價飆離本質時，一概視爲糞土，那麼下次股災再來臨時，我們絕對不會是受害者，也許我們的股市就因你我的清醒與理智，從此遠離股災，眞正邁入完全成熟市場的境界，所有在股市裡長期投資的投資人，都可以正當地享受獲利，回歸投資市場原有的功能。

八、政府政策一味偏向鼓勵股市多頭上漲，應該受到質疑與辯論

二十世紀這將近一個世紀的時間，各國政府普遍存在著一

個理論信仰，那就是股市多頭的榮景，可以刺激消費，帶動投資風潮，進而達到經濟成長，人民富裕的目的。一個世紀的實驗來檢驗這樣的理論觀念，我想至今仍是正反兩派對立鮮明，在此我想提醒大家以長線角度來思考這個問題，不可否認的，股市多頭上漲期間，它確實都曾經創造過一段經濟繁榮的景象，例如台灣這二十年來的經濟快速成長，社會的富裕，很多經濟學家可能都會將此歸功於幾次的股市多頭帶動，另外美國那斯達克這十年來的多頭，大家更是把近年科技技術的突飛猛進完全歸功於股市帶動的投資熱潮。然而我們以長線來思考，每次多頭過度燃燒而演變成泡沫幻滅後，在先進國家早先的歷史紀錄中，都出現過很長一段時間的傷害，經濟蕭條期（前面引用席勒的話，1929年後，盤跌了三年，三十年後才回復前波高點，期間經歷了經濟大恐慌），千禧年的股災帶給我們的傷害與恐懼還在繼續蔓延中，最壞的狀況我們都還沒有看到，現今人類該何去何從，不知道我們這一代的少壯時期，將要忍受多少多久前一代營造泡沫後的摧殘，他們享受投機果實，我們卻要接受懲罰，如果我們股市持續再下挫，企業開始倒閉（南韓及東南亞國家都發生了），如果AMC引爆的房地產泡沫效應也出現，金融機構撐不下去，經濟再持續惡化加上財富縮水甚至負債，茫茫看去，看不到年輕人的機會在哪裡，如果我們覺得這樣的痛苦指數是我們所不能、不願也不應該容忍的，我們是不是應該站起來探討這個嚴肅的問題，到底股市多頭對人民生活的影響一定是正面嗎？我們需要政府帶頭來幫我們營造股市

多頭的榮景嗎？也許沒有股市多頭的刺激，我們的經濟更能緩步攻堅，只上不下也說不定！

九、社會共享科技發達，經濟繁榮

　　我很確信，一個健全的股市，與適度蓬勃發展的創投市場，有助於建立一個科技發達、經濟繁榮的社會。

　　因為這樣的機制，可以鼓勵創造發明，並讓付出努力者與付出資金者，都得到各自合理的報酬，這是文明發展的極致。任何一種投機的橫行，都會破壞其平衡的機制。例如說，科技公司老闆發現賺股票的錢比公司營運賺錢容易些，他就會把大部分的心思花在資本市場，相同的，投資人也一樣，我們現在社會就充滿太多天賦異稟的人把聰明才智全部貢獻在股市這個賭場裡，忽略了對人類社會文明的貢獻，更慘的是，過度泡沫化的市場，讓很多投機份子濫竽充數，成立了科技公司，招搖撞騙，美國那斯達克市場2000年的網路泡沫就是最佳明證。

結　語

　　對於贏家，我們樂於見到他的智慧、努力與冒險精神得到回報，但如果這樣的回報，遠遠高過於他的貢獻，並且是根植在將信任他們，甘冒風險投資他們的廣大投資散戶財富鉅幅損失與生活痛苦的基礎下，這是我們不願意見到的。付出智慧與努力的人應該得到比沒有付出的人更高的回報，這是在資本主義社會下，大家所認同的標準；我們並不忌妒或反對別人的成就與收穫，然而回報是該有其合理的數字，並非無止境的擴張，本益比這樣一個錯誤的評價股價工具，正好是助長了這些大股東貴族身價無限暴漲，而散戶財富急劇縮水的元兇。

　　親愛的投資人，你有沒有想過，這種錯誤股價評價工具的橫行，如果沒有你的放任與支持，它如何能發揮如此強大的破壞力，耗費你的精神又吸光你的積蓄，回想過去這十幾年來，我們發生了多少次循環性的股災：

　　77年的郭婉容課徵證所稅事件。

　　79年股市大崩盤。

　　82年飛彈危機。

　　86年亞洲金融風暴。

　　89年新政府危機（可能是最慘的一次）。

　　如果再放任這樣的情況繼續下去，台灣的榮景還能撐幾年？難道我們要再讓歷史一而再、再而三地重演嗎？如果你還執迷不悟，以為這是新政府的錯，那我們勢必要在三年內再度面對相同的震撼教育。試想，如果你買進的股票是如分析師所言如此有價值的商品，它可以在二個月內跌掉五成、七成甚至是九成（美國網路股）嗎？大家都知道近年台灣房價跌得很凶，但最差的中部房價也花了十年的時間才腰斬。如果不是它被浮華誇大的泡沫價值，怎們可以如自由落體般地迅速滑落。現在大家都怪新政府無能，其實我覺得我們應該感謝新政府讓這樣注定要發生的事件提早爆發，就像老鼠會，如果沒有人為干預，及早摧毀，放任其自然擴大，直到所有人都加入，再也沒有老鼠可以誘騙了，那麼受的傷害也將是最廣最慘烈。試想如果我們的股市是從15,000點甚或是20,000點崩跌下來，社會新聞會變成怎樣？屆時傷害可不只是我們現有財產的損失，還有整體經濟的蕭條、未來的生計。

　　我們由衷希望三年、五年後，甚至十年後，相同的故事不要再重演。否則長江後浪推前浪，股市一直不斷有年輕生力軍加入，即使你我在這次股災中順利逃過一劫，真的難保我們的子女不會在我們年邁之際，把我們一生積蓄賠光。謹記，每次多頭總是結束在熱熱鬧鬧的全民運動之後。

　　受傷的投資大眾，從今天開始，請拒絕接受您的分析師用此一錯誤指標欺騙你。如果我們可以團結起來，告訴我們的分析師，我們要使用合理的評價預測股價之工具，我們要看到事

實的眞相，拒絕做最後一隻白老鼠，如果我們投資大眾可以團結，可以理性，在可預見的未來，你我及我們的後代，都會在股市投資中獲利，共同享受社會經濟成長的成果。

後　記

　　在本書著作完成後，正當尋求出版商出版之時，看到了報
紙刊登英國《經濟學人》，對全球經濟後市發出的悲觀警語，這
也是作者在本書所強調的泡沫後帶來的傷害，現在我們已經覺
得日子不好過了，可是最壞的狀況卻還沒有來，值得大眾深
思，我們是不是真的需要本益比帶來這樣的泡沫，短暫而假性
的繁榮？

　　下文是《經濟日報》於2001年8月25日刊登的英國《經濟
學人》對二十一世紀初就開始的全球性經濟衰退之警告預測。
此文刊登之前，本書已著作完成，文中的頗多預測，與本人的
言論有所輝映。

經濟學人：二十一世紀世界性經濟衰退　在劫難逃

　　四大不利因素：資訊科技熱退燒　股市崩盤壓縮財富　油
價飆漲　美不景氣殺傷力大

　　編譯戚瑞國／綜合倫敦二十三日電

　　最新一期《經濟學人》雜誌以特別報導的方式指出，全球
經濟低迷已成燎原之勢，再加上若干明暗、深淺不一的風險，
縱使美國經濟今年能夠規避衰退的惡運，全球恐怕難逃二十一
世紀第一次世界性經濟衰退的劫數。

　　這篇標題為「全球骨牌遊戲」的特別報導開宗明義指出，全球經濟恐怕已經陷入衰退的泥淖，問題在於會惡化到什麼程度？

　　各國經濟接二連三傳出噩耗。美國聯邦準備理事會（Fed）今年雖七度降息，希望力挽狂瀾，避免美國陷入衰退。但是從日本到台灣、從墨西哥到巴西，國內生產毛額（GDP）萎縮的經濟體越來越多；今年上半年全球工業生產也以年率6％的幅度衰退。初步估測，全球第二季生產毛額可能出現二十年來第一次負值，二十一世紀第一次世界性經濟衰退正式降臨。

　　若以GDP連續兩季負成長作為經濟衰退的標準，美國目前還沒有陷入衰退。但是美國8月29日將公佈第二季GDP修正值，原本成長0.7％的數值可能修正為零甚至負值，遠低於前幾季的水平；在企業獲利萎縮及失業增加下，美國越來越有經濟衰退的味道。

　　美國經濟今年初打噴嚏時，歐洲中央銀行宣稱歐元區完全免疫，不必杞人憂天，如今證明大錯特錯。德國企業投資及零售銷售額雙雙下滑，經濟衰退的隱憂如影隨形，日前公佈的第二季GDP也證明景氣停滯不前。義大利第二季GDP負成長，法國及西班牙雖然稍強，但是歐元區大部分經濟體第二季景氣都接近零成長。歐元區經濟今年也許不會實質衰退，但也無法帶動全球景氣。

　　日本幾乎已經陷入經濟衰退。第一季GDP僅微幅成長，高盛公司預估，第二季GDP成長率將是-6％，下半年也幾乎無法

翻身。日本另外一個問題在於通貨緊縮，下週將發表的新版消費者物價指數（CPI）可能顯示，通貨緊縮比預期更嚴重。日本銀行上週注入更多資金到經濟體系，方向雖然正確，但是力道不足。

如果美國、歐洲第二季經濟零成長，日本負成長，富裕國家將是1990年底以來首度同步不景氣；今非昔比的是新興經濟體如今也一起沉淪。

先看東亞。新加坡和台灣經濟已經兩季負成長，新加坡上半年的GDP以11％的年率衰退，台灣則以6％年率萎縮；南韓景氣大幅滑落，馬來西亞及泰國也瀕臨經濟衰退。摩根銀行更預估，扣除中國大陸以外的東亞國家，第二季及第三季經濟成長率都是負值。

東亞的問題在於經濟過度依賴對美出口資訊科技產品。在美國資訊科技的投資熱潮下，東亞經濟體比預期更快脫離1997年的金融風暴；但是禍福相依，熱潮冷卻後也拖累東亞經濟，除了出口劇降外，也面臨產能過剩及投資可能大幅萎縮的風險。

美國景氣不振固然是元兇，但是東亞本身也難辭其咎。金融風暴後景氣強力復甦，導致東亞國家對推動結構性改革意興闌珊，未能乘機清理銀行壞帳及企業負債。如今各國國內需求的成長勁道相對較弱，更得仰賴出口帶動總體經濟。南韓1996年商品及勞務出口值佔GDP三成，去年升高為45％；泰國則從39％升為66％。因此萬一全球景氣低迷，亞洲比以往更難免

疫。

　　拉丁美洲的情形更糟。阿根廷及墨西哥已經深陷衰退,巴西也可能跟進。阿根廷的問題在於貨幣盯住美元,競爭力受到侵蝕外,利率也扶搖直上;巴西則是受到池魚之殃。墨西哥的危機和美國息息相關,因為對美出口佔墨國GDP四分之一。

　　當然,景氣再壞還是有人賺錢,部分國家經濟表現依然鶴立雞群。例如,中國大陸第二季經濟成長率還有5％,全年更可達8％;印度也有5％的實力。但第二季景氣持平或衰退的經濟體總產值約佔全球產值的三分之二,全球經濟很可能已經陷入衰退泥淖。

　　這波全球不景氣最怵目驚心之處在於擴散的程度前所未見。1975年、1982年及1991年被官方視為全球不景氣的三個年份,但是整體GDP成長率從1.2％到1.9％。1975年石油危機雖然導致富裕國家陷入經濟衰退,但是拉丁美洲及亞洲相對強勁。1990年到1991年美國景氣衰退,日本、德國及大部分新興經濟體仍然一片榮景。

　　導致這波全球不景氣的負面因素至少有四個:

　　第一,也是最重要的因素:全球資訊科技熱潮盛極而衰。去年那斯達克股價指數崩盤、網站紛紛倒閉,大部分人還以為只是網路類股的泡沫幻滅。其實「新經濟」的幻象已經扭曲了全球高科技產業,更造成美國總體經濟失衡。

　　第二,各國股市崩盤不但壓縮了家庭財富,也讓消費者更看緊荷包,不敢再像去年那樣子花錢。2000年初以來股價平均

下跌28％，全球股市總值縮水了10兆美元。歐、亞股市跌幅比美國深，但是歐洲人持有股票的比率低於美國人，因此對消費者的負財富效應較小。不過，股價下跌仍然嚴重打擊企業信心及投資計畫。

第三，去年油價飆漲，導致石油消費國的實質所得及企業獲利下降。由於富裕國家如今每1美元GDP所耗費的石油是一九七○年代的一半，因此高油價對經濟的衝擊遠不如當年。不過，高油價還是不利全球景氣。

最後但並非最不重要的因素是，美國不景氣對全世界的殺傷力比以往更強。世界經濟整合程度日深，大國經濟走下坡會更快蔓延到其他經濟體。摩根士丹利添惠公司指出，過去五年全球GDP的成長，五分之二來自美國的貢獻。因此在過度依賴美國為市場下，全球經濟面對美國景氣低迷的衝擊勢必更為脆弱。

在貿易、全球供應鍊及跨國企業的連接下，各國經濟和美國的關係越來越緊密。過去十年來，世界貿易的成長率是全球GDP成長率的2.3倍；再往前推二十年，兩者的比值只有1.4倍。美國進口金額約佔全球其他國家GDP總金額的6％，是1990年的2倍。美國今年上半年進口金額衰退13％，其中資訊科技設備的進口金額更劇降近50％。

景氣好的時候，各國經濟越緊密相連，其他國家越可以分享美國的榮景。如今美國景氣低迷，在減少進口之餘，也把部分不景氣出口到海外。以此類推，受到美國不景氣衝擊的經濟

體，也減少對美及其他國家的採購，造成全球需求大退潮。亞洲今年上半年進、出口雙雙衰退20％；經濟學人資訊公司（EIU）更預測，今年世界貿易將僅成長3％，遠低於2000年的13％，貿易萎縮嚴峻的程度是1975年以來僅見。

這波世界不景氣會持續多久？大部分經濟學家預期美國及全球經濟可望在年底反彈。他們抱持樂觀的理由有二。第一，美國短期利率在八個月內從6.5％降到3.5％，導致富裕國家貨幣供給急速增加。如果貨幣政策產生效果的時間和以往一樣，全球景氣明年應可強勁復甦。第二，油價下滑有利推升實質所得和企業獲利。

可惜，全球經濟向下沉淪的風險較大。第一個風險就是美國很可能陷入經濟衰退，除了失業率升高會壓制消費之外，美元如果暴跌，也可能重創經濟信心。美國這波不景氣的本質和二次大戰以來的經濟衰退不同，以往都是高利率惹的禍，這次則是投資熱潮冷卻的後遺症，除非消化掉過剩的產能及打消債務，否則降息的功效不大。

第二個風險是阿根廷債務危機的後續發展。國際貨幣基金（IMF）同意再借80億美元給阿根廷，但這只是治標的權宜之計，這筆貸款的附帶要求是阿根廷必須緊縮財政支出，結果就是延長經濟衰退的時間。

所幸，比起幾年前，大部分新興經濟體目前的外匯存底較高，短期外債較少，也改採浮動匯率制，因此阿根廷危機波及其他新興經濟體的機率較低。但是萬一阿根廷無法支付債務，

其他新興經濟體絕對會受到衝擊。

最後也是最大的風險是美國股價仍然過高。事實上,最近美國向下修正國民所得帳中的生產力成長率及總獲利後,美股股價高估的程度也越來越大。新經濟的立論基礎之一就是一九九○年代末期生產力及獲利激增,如今官方研究顯示,其實大多是幻覺。在計算認股權證的真正成本後更發現,獲利佔國民所得的比重從1997年以來就開始下滑。

綜上所述,世界經濟陷入衰退的風險仍高。縱使美國今年能夠規避經濟衰退,短期內也不太可能重返前幾年的高成長,許多美國投資人和消費者卻未能體認到這個事實。

2001/08/25經濟日報,4版,綜合新聞。

股海怒潮
──終結本益比的神話王國　　　　Money Tank 04

著　　　者／費采
出 版 者／生智文化事業有限公司
發 行 人／林新倫
執行編輯／晏華璞
美術編輯／周淑惠
登 記 證／局版北市業字第677號
地　　　址／台北市新生南路三段88號5樓之6
電　　　話／(02)2366-0309　2366-0313
傳　　　真／(02)2366-0310
E - m a i l／tn605541@ms6.tisnet.net.tw
網　　　址／http://www.ycrc.com.tw
郵撥帳號／14534976
戶　　　名／揚智文化事業股份有限公司
印　　　刷／鼎易印刷事業股份有限公司
法律顧問／北辰著作權事務所　蕭雄淋律師
初版一刷／2002年5月
定　　　價／新台幣220元
Ｉ Ｓ Ｂ Ｎ／957-818-377-1
總 經 銷／揚智文化事業股份有限公司
地　　　址／台北市新生南路三段88號5樓之6
電　　　話／(02)2366-0309　2366-0313
傳　　　真／(02)2366-0310

國家圖書館出版品預行編目資料

股海怒潮：終結本益比的神話王國 / 費采著. --
初版. -- 台北市：生智, 2002 [民 91]
面： 公分. -- （Money tank；4）

ISBN 957-818-377-1（平裝）

1. 證券 2. 投資

563.53   91002679